FACULTÉ DE DROIT DE PARIS.

DES
RAPPORTS A SUCCESSION.

THÈSE POUR LE DOCTORAT.

PAR

Jacques-Léon FLEURY,

Avocat à la Cour Impériale.

PARIS

IMPRIMERIE DE MOQUET,

92, RUE DE LA HARPE, 92.

1856

DES

RAPPORTS A SUCCESSION.

FACULTÉ DE DROIT DE PARIS.

DES

RAPPORTS A SUCCESSION.

THÈSE POUR LE DOCTORAT.

L'acte public sur les matières ci-après sera soutenu
le mercredi 26 mars 1856, à 1 heure.

PAR

Jacques-Léon FLEURY,

Avocat à la Cour Impériale.

Né à Laigle (Orne).

Président : M. DE VALROGER, professeur.

SUFFRAGANTS: MM. PELLAT, doyen; OUDOT; ORTOLAN — Professeurs. BATAUD — Suppléant.

Le Candidat répondra en outre aux questions qui lui seront faites
sur les autres matières de l'enseignement.

PARIS,
IMPRIMERIE DE MOQUET,
92, rue de la Harpe.
1856

DROIT ROMAIN.

DES RAPPORTS A SUCCESSION.

CHAPITRE I.

DES CAS DANS LESQUELS LE RAPPORT A LIEU.

SECTION I.

Des cas dans lesquels le rapport a lieu, d'après les anciens principes.

§ 1.

De la nature du rapport, et comment il se rattache aux possessions de biens?

1. Une législation qui a pour objet le choix des héritiers d'une personne, doit pour être équitable, bannir les fictions; elle doit être l'interprète des préférences du cœur humain, et ces préférences, dans l'ordre habituel des choses, ne sauraient se tourner que du côté où existent les liens du sang. Si notre droit successoral porte l'empreinte de ces principes d'équité, le vieux droit successoral des Romains semble n'avoir été si savant, si ingénieux, si logique, que pour mieux les méconnaître; assurément, pour lui comme pour notre droit, la famille est

bien le fondement des successions; mais la ramène à une pure création civile; les liens du sang n'ont qu'une importance secondaire; le lien de puissance est tout. Le chef de la famille (*paterfamilias*) forme et défait capricieusement ce lien imaginaire. Veut-il d'un étranger faire son enfant (*filiusfamilias*), son héritier sien (*suus heres*)? Il le peut, en l'adoptant; et dès lors cet étranger devient lui-même un étranger pour ses parents naturels. Le chef veut-il, au contraire, répudier sa paternité, même naturelle? Il le peut encore à l'aide d'une émancipation qui ne le rattachera plus civilement à sa progéniture. L'émancipé ne sera plus son héritier sien; partant, il n'aura plus de droits sur sa succession, sur son hérédité (*hereditas*) (*Gaii. Inst. comm.* 3, *n^os* 1, 2 *et* 9).

2. Ces rigueurs choquantes, œuvre de la loi par excellence, la loi des XII Tables, des magistrats investis d'un pouvoir semi-législatif, les préteurs se bornèrent à les éluder; car ils n'auraient pu les heurter de front en présence du respect religieux et aveugle dont les Romains entouraient leur droit primitif. Il est vrai que l'expédient des préteurs produisit au fond une véritable transformation. Cet expédient consista non pas à créer des héritiers autres que ceux reconnus par le droit civil, mais à procurer à certains, notamment aux émancipés, les avantages de cette qualité au moyen des pos-

sessions de biens (*bonorum possessiones*) (*Inst. lib.* 3, *t.* 9); ce que des constitutions impériales étendirent plus tard à des cas qui n'avaient pas été prévus par les préteurs (*L.* 5, *lib.* 5 *c. Theod.*; *l.* 14, 15, 16, *Inst. lib.* 3, *t.* 1).

3. Mais la faveur que le préteur dans son édit accordait à l'émancipé devait comporter un tempérament. Traiter l'émancipé comme un héritier sien, et le faire profiter en même temps des avantages résultant de son émancipation, cela n'eût pas été équitable. L'équité voulait donc que l'émancipé, qui invoquait la faveur du préteur, indemnisât les héritiers siens du préjudice que pouvait leur causer sa participation à l'hérédité paternelle, hérédité qui, d'après le droit civil, appartenait aux héritiers, à eux seuls, et à un tel degré qu'ils en étaient considérés même du vivant du père de famille comme en tenant la co-propriété avec ce dernier (*L.* 2. *Inst. lib.* 2, *t.* 14). Or, l'émancipé ayant pu, depuis son émancipation, acquérir en propre des biens que ses co-partageants non émancipés n'auraient acquis qu'à la masse partageable, le préteur décida qu'il en ferait profiter ceux-ci en les ajoutant à cette masse, du moment toutefois où sa participation au partage de l'hérédité serait un préjudice pour les héritiers siens, et dans la mesure de ce préjudice. Ce principe est posé par la loi 1, § 5, ff. *h. t.* : *toties igitur collationi locus est quoties ali-*

quo incommodo affectus est, is, qui in potestate est, interventu emancipati; cæterum si non est, collatio cessabit. Voilà à son début le rapport en droit romain (*collatio bonorum*). (*L*. 1, *pr. et* § 5 *ff de bon. coll.*) Ce mot *rapport*, comme on le voit, ne rend pas bien exactement l'idée qu'il veut exprimer.

4. Le rapport n'ayant tiré sa raison d'être que de l'établissement du système prétorien des possessions de biens, et les possessions devant être concédées par le préteur, il convenait avant de rapporter, de les obtenir. Aussi, nous dit Ulpien : « *Inter eos dabitur collatio quibus possessio data est* (*L*.1, § 1 *ff. h. t.*).

5. La concession préalable de la possession de biens était non seulement logique; elle était encore utile ; car le droit de la demander paraît avoir été un droit intransmissible (*l*.1, § 8; 3 *pr. ff. h. t.*). Toutefois, le principe que nous venons de poser n'est pas ainsi, que nous le reconnaîtrons bientôt, un principe essentiel et capital de notre matière.

6. Mais si l'on n'était pas obligé de rapporter avant d'avoir obtenu la possession de biens, on en avait le droit du moins, sauf la répétition des biens rapportés, si la possession de biens n'était pas demandée. (L. 3, § 5 ff. *h. t.*; 13 ff. *de condict causa data*...) C'est ainsi qu'il faut entendre le texte trop absolu de Paul : « *conferre debent antequam bonorum possessionem petant.* » (*Paul. lib.* 5, *sent.* 28 ; *Cujac. ad L.* 1, *h. t.*).

7. L'édit du préteur accorde plusieurs possessions de biens aux enfants : celles *secundum tabulas*, *contra tabulas*, *unde liberi*, *unde cognati*.

8. La possession de biens *secundum tabulas* pouvait être accordée à l'enfant comme à toute autre personne, du moment où l'on se fondait sur le droit résultant d'une institution testamentaire; nous montrerons qu'elle ne pouvait, du moins de plein droit, donner lieu au rapport jusqu'à Justinien.

9. Quant aux possessions de biens *unde liberi* et *contra tabulas* ; ce sont celles dont les textes parlent comme donnant lieu au rapport. La première était accordée aux enfants, quand il s'agissait de l'hérédité *ab intestat* du père de famille ; la seconde, quand un émancipé omis dans le testament du père de famille, rendait stérile ce testament (*L.* 1, *pr* et § 5 *ff. h t* ; *L.*20, § 1 *ff. de bon. poss. c. tab.* ; *passim.*)

10. *Quid* de la possession de biens *unde cognati ?* Vinnius (*de coll. Cap.* 4, *n°* 10) est d'avis qu'elle produit, à l'égard du rapport, les mêmes effets que les possessions *unde liberi* et *contra tabulas*. Suivant lui, il importe peu que telle ou telle possession ait été obtenue, pourvu qu'avant tout, la participation de l'émancipé au partage de l'hérédité ne nuise pas aux héritiers siens. Il ajoute que, si les possessions *unde cognati* ne pouvait donner lieu au rapport, elle serait

au moyen de l'éluder, puisqu'elle appartient aux enfants; que d'ailleurs les enfants qui se présentent au partage, même quand ils n'ont plus par suite de leur négligence que la ressource d'une possession de biens, comme celle *unde cognati*, le préteur les considère toujours comme des enfants (L. 6, § 2 *ff. de carb. edict.*); qu'enfin le délai, qui est d'un an pour demander les possessions de biens propres aux enfants, tandis qu'il est en principe de 100 jours seulement dans les autres cas, que ce délai d'un an favorise encore les enfants, même quand ils demandent la possession de biens *unde cognati* (L. 4. *quis ordo in bon. poss.*)

11. Les enfants adoptifs peuvent, d'après le droit prétorien, obtenir la possession de biens *unde cognati*; peut-être pourrait-on se demander si dans ce cas il faut étendre à ces enfants la décision de Vinnius ?

12. Quand c'est telle possession de biens qu'un co-partageant doit invoquer, c'est la même possession de biens que les autres co-partageants doivent invoquer aussi, quand il s'agit du rapport. Cette règle semble exclusive. Ainsi, la loi 20 de *bon. poss. c. tab* montre un cas où l'émancipé obtient la possession de biens *contra tabulas*, tandis que l'héritier sien obtient celle *unde liberi*; et par une raison que nous aurons l'occasion d'expliquer plus loin, l'émancipé dans ce cas n'est pas soumis au rapport.

13. D'un autre côté, des émancipés et des héritiers siens peuvent avoir obtenu par erreur une possession de biens pour une autre ; mais cette circonstance n'empêche pas que l'émancipé ne soit tenu de rapporter. Ceci résulte bien de la loi 5 *pr. ff. de dot coll.*, où il est question de la possession de biens *unde liberi*, qui a été obtenue au lieu d'obtenir, ainsi qu'il le fallait, la possession de biens *contra tabulas.*

14. Mais, le rapport suppose-t-il nécessairement qu'une possession de biens ait été obtenue ?

En ce qui touche l'émancipé, il est certain que, s'il est libre de ne pas demander la possession de biens, et ainsi de ne pas prendre part au partage de l'hérédité, partant de ne pas rapporter, du moment où il veut profiter des biens héréditaires, il doit rapporter et préalablement obtenir la possession de biens. Nous ne voyons aucun texte qui ne suppose pas pour le rapport cette obtention préalable.

15. Mais, ce qui est vrai de l'émancipé proprement dit, ne l'est plus de la fille héritière sienne, obligée de rapporter sa dot (titre *de dot. coll.*), et à cet égard considérée comme un émancipé, ainsi que nous l'expliquerons. Cette fille peut très bien succéder au père de famille, en vertu du droit civil. Elle n'a pas besoin d'ajouter à sa qualité d'héritière civile, celle de successeur d'après le droit prétorien. (*Gaï comm.*

3, n° 37). Elle aurait donc pu concourir à la succession paternelle, sans rapporter sa dot. Il lui suffisait de s'immiscer à cette succession. Le droit prétorien, relativement au rapport de la dot, était donc dépourvu de sanction. Aussi, intervint-il un rescrit de l'empereur Antonin, pour remédier à cet inconvénient (L. 1 *pr. de dot. coll.*)

16. En ce qui touche les héritiers siens, c'est-à-dire, ceux qui profitent du rapport, déciderons-nous qu'ils peuvent en profiter, sans la possession de biens? Ainsi, supposons avec Scévola (*L.* 10 *h. t.*) qu'un père de famille soit décédé laissant deux fils : l'un, héritier sien, qu'il a institué son unique héritier ; l'autre, émancipé, qu'il a omis dans son testament. Conformément aux principes, ce dernier a demandé la possession de biens *contra tabulas*. Quant à l'héritier sien, qui avait le droit de la demander, il l'a négligée, se contentant de son titre d'héritier testamentaire, d'après le droit civil. Il a pu, en effet, prendre réellement sa part d'hérédité, et ceux auxquels à son défaut, le préteur aurait accordé la possession de biens n'auraient obtenu qu'un droit stérile, une possession *sine re* (*Gaï comm.* 3, n° 36 et 37). Dans ce cas, l'émancipé devra-t-il le rapport à son frère? Non, répond Scévola, si l'on suit la lettre de l'édit ; oui, si l'on s'attache à son esprit. Il est vrai que cette distinction, Antoine Favre

(*Ant. Fab., de err. pragm. D.* 40. 10) conteste qu'elle soit de Scévola. Il pense que la phrase de la loi 10: *sed magis sentio*... n'est qu'une interpolation de Tribonien. Qant à nous, d'accord avec Vinnius (*cap.* 6, n° 3), et Pothier, *ad lib.*, 37, tit. 6, n° 3, note 1,) nous sommes d'avis qu'il n'y a pas ici d'interpolation, parce que les principes de notre matière ne s'opposent pas à la distinction de Scévola. N'est-elle pas fondée sur l'existence d'un préjudice causé à l'héritier sien institué par l'intervention de son frère émancipé? Le testament l'appelait à toute l'hérédité; son frère lui en retire une moitié; n'est-ce pas là un préjudice dont celui-ci est la cause? qu'il rapporte alors ses biens, rien de plus juste. Parce que l'héritier institué a négligé la possession de biens pour un titre plus énergique encore que celui qu'il aurait tiré de la faveur du préteur, faut-il qu'il en souffre? Ce serait sacrifier le fond des choses à une pure formalité. Il semble que la solution de Scévola ait été inspirée par ces raisons. D'ailleurs, est-il impossible d'admettre ici que le temps ait apporté un adoucissement aux rigueurs primitives?

Toutefois, en règle générale, nous devons décider que le rapport n'a lieu qu'entre personnes qui succèdent d'après le droit prétorien, c'est-à-dire en vertu des possessions de biens convenables. C'est ce que Paul admet, lorsqu'il nous dit (*L. 7, de dot. coll.*) que la fille, héritière sienne ne rapportera pas sa dot à ses frères, parce qu'ils sont héritiers *diverso jure.*

§ 2.

De ceux entre lesquels le rapport a lieu.

17. L'émancipé tenu du rapport est non seulement l'enfant que le défunt aurait fait sortir lui-même de sa famille; c'est encore tout autre enfant de celui-ci, du moins en principe (L. 4, *ff. de conj., cum em. lib.*), soit qu'il s'agisse d'un descendant quelconque (L. 3, *pr. ff. de bon. poss. c. tab.* L. 6, *si tab. test.*), soit qu'il s'agisse d'un posthume, du moment où il est né (L. 2 *pr. ff., h. t.*). Et une fois qu'il a obtenu la possession de biens, cet émancipé peut transmettre son obligation à ses héritiers.

18. Quant à l'héritier sien, auquel le rapport est dû, pourvu qu'il soit un descendant du défunt, même posthume (L. 12, *ff. h. t.*), peu importe son degré de parenté naturelle avec l'émancipé, fût-il le propre enfant de celui-ci, (tit. *de conj. cum em. lib.*). Notons ici qu'il ne suffit pas d'être l'héritier sien du défunt pour avoir droit au rapport, il faut encore qu'on souffre de l'intervention de l'émancipé (L. 1, § 5, *ff. h. t.*). Aussi, si cette intervention, au lieu de nuire à l'héritier sien, devait lui profiter, l'émancipé ne serait pas tenu du rapport. C'est ce qui aurait lieu dans le cas où le défunt, laissant un enfant héritier sien et un enfant éman-

cipé, aurait dans son testament exhérédé le premier, omis l'autre et laissé tout son patrimoine à un étranger ; qui n'aurait pas fait adition, ou qui, après avoir fait adition, serait écarté par l'émancipé, obtenant, à raison de son omission, la possession de biens *contra tabulas*. Dans ce cas, le préteur fait concourir ensemble au partage les deux enfants. Seulement, il n'oblige pas l'émancipé au rapport, puisque celui-ci, loin de nuire à l'héritier sien, lui rend service (L. 20, § 1, *ff. de bon. poss. c. tab.*)

De même que l'émancipé, dès qu'il a obtenu la possession de biens peut transmettre héréditairement son obligation ; de même l'héritier sien peut transmettre héréditairement son droit (L. 1, § 8, *ff. h. t.*).

19. On peut déduire de la loi 1, § 5 *ff. h. t.* que l'enfant émancipé, institué héritier par le père de famille, n'est pas tenu du rapport ; en effet, l'enfant émancipé appelé *ex testamento* à l'hérédité paternelle, n'invoque pas la qualité d'enfant, mais celle qui appartient en pareil cas à tout étranger, ayant la *testamenti factio*. La loi 1, § *Pomp.*, *de carb. ed.* indique implicitement cette raison. Elle montre que l'enfant impubère, institué héritier, n'a pas besoin d'être protégé par l'édit Carbonien, attendu que même s'il était prouvé qu'il n'est pas l'enfant du testateur, il n'en aurait pas moins le droit d'obtenir la possession de biens *secundum tabulas*.

Ainsi, le rapport est bien une charge qui n'incombe jamais à l'héritier institué, son droit sur l'hérédité étant celui de tout étranger, *externum jus*, comme dit la loi 10, c. *h. t.* Notre solution, appuyée d'ailleurs sur plusieurs textes (L. 6, *de dot. coll.* 35, *fam. ercisc.*; l. 1, 7, *c. h. t.*) n'est nullement contredite par celle de la loi 2, *de dot. coll*, ainsi qu'Accurse l'a pensé. Azon, et après lui Cujas (*ad l.* 1, *h. t.*) et Pothier (*ad d., l.*) sont d'avis, et avec raison, selon nous, que le testament auquel se réfère cette loi a été infirmé. C'est donc comme si l'espèce de cette loi ne supposait pas un testament.

20. Nous ne connaissons qu'une exception à notre principe, c'est quand le testateur a soumis l'enfant émancipé, son héritier institué, à l'obligation du rapport (L. 1, 7, *c. h. t.*). Cujas (T. 4 *op. post. p.* 87), signale une deuxième exception que nous n'admettons pas. Il suppose le cas où un enfant émancipé a été moins avantagé par le testament qu'il ne le serait dans la succession *ab intestat*, et qu'un autre émancipé a donné lieu à l'édit, c'est-à-dire, ouvert à tous les enfants la possession de biens *contra tabulas*. Or, dans ce cas, Cujas voit une exception à notre principe, parce que l'émancipé devra le rapport d'une portion de ses biens à l'héritier sien. Nous pensons autrement, nous fondant sur ce que la portion de succession pour laquelle l'émancipé doit le rapport, il le détient non plus

jure extero, mais *jure liberorum*, en sa qualité d'enfant émancipé, et comme dépendant d'une succession *ab intestat* (L. 3. *ff. de dot. coll.*).

21. Justinien porta une grave atteinte aux vieux principes du rapport relativement à l'héritier testamentaire. Se fondant sur cette idée, que le père de famille aurait assujetti au rapport, s'il y avait songé, l'enfant institué par lui, l'empereur décida que le rapport serait imposé à cet enfant, à moins que le testament ne l'en eût dispensé *expressim* (Nov. 18, *cap.* 6.), c'est-à-dire, clairement (*Vinn. cap.* 7, n° 7 et 8).

L'innovation de Justinien doit même être étendue au cas où les enfants auraient été institués concurremment avec un étranger, sans pour cela, bien entendu, astreindre celui-ci au rapport (*Vinn. cap.* 7, n° 6). Mais, d'autre part, elle ne saurait régir des enfants institués, qui ne seraient pas appelés à concourir ensemble au partage de l'hérédité, si, au lieu d'être testamentaire, cette hérédité eût été *ab intestat* ; car, dans ce cas, les enfants sont vis-à-vis les uns des autres *extraneorum loco*, ils usent *extero jure* (*Vinn. cap.* 8.)

22. Un legs peut avoir été fait à un émancipé institué ; rapporterait-il, depuis la novelle de Justinien, ce legs à ses co-partageants? Non, dit Cujas (*obs.* 30). puisqu'il ne le rapporterait pas, s'il succédait *ab intestat*. (*arg. l.* 16 *C. h. t.*)

23. L'enfant adoptif doit-il le rapport aux hé-

ritiers siens, quand il s'agit de la succession de son père naturel?

Cette question peut étonner de prime abord. D'après le droit prétorien, dirait-on, comme d'après le droit civil, les enfants adoptifs sont étrangers à leur famille naturelle ; car, si ayant été omis par leur père naturel, ils sont encore dans leur famille adoptive au moment du décès de leur père naturel, le préteur ne leur accorde pas la possession de biens *(§ 10 et s., qq., Ins. de hæred. quæ ab int. defer.; 4 de exhæred. lib)*. D'où vient donc la raison de notre question? C'est qu'il existe effectivement un cas où le fils adoptif prend part à la succession de son père naturel, et partant est assujetti au rapport. C'est le cas unique où ce fils a été institué par son père naturel, et qu'un autre fils, un fils émancipé, à raison de son omission, a donné lieu à l'édit, *(Pothier, ad lib. 37 T. IV. n° 11 note 1)*. Dans ce cas, le préteur appelle l'enfant adoptif au partage de la succession paternelle en lui accordant la possession *contra tabulas*. Telle est la décision donnée par Ulpien *(L. 8, § 11 ff. de bon. poss. c. tab.)*, et, pour la justifier, le jurisconsulte dit de ces enfants adoptifs : « *Nec enim in totum extranei sunt.* » Puis il ajoute au paragraphe suivant : « *Ut autem admittantur ad bo-* « *norum possessionem, ex liberis* (naturels) *eos* « *esse oportet.* » Et cependant, le même jurisconsulte est d'avis que « *sed ipsi soli non committent edictum.*» Sa pensée se fait jour parfaitement. Il ne trouve pas que l'enfant adoptif dans le cas spécial qu'il prévoit, soit tout-à-fait dans la position d'un enfant qui donne lieu à l'édit, mais il trouve aussi qu'il se rapproche plus de cette position que de celle où serait un étranger.

Mais, cet enfant adoptif, qui, à raison même de ce qu'il est appelé à la possession de biens, doit le rapport (*L.* 1, § 14, *ff. h. t.;* 2, *ff. de dot. coll.*), comment pourrait-il le devoir? N'est-il pas un héritier *ex testamento?* à ce titre n'est-il pas affranchi du rapport? rien de plus vrai. Mais le testateur a pu lui imposer le rapport. D'un autre côté, l'émancipé qui a donné lieu à l'édit du préteur, a pu, en écartant un étranger qui avait été institué pour une plus forte part que l'enfant adoptif, et partageant ainsi par moitié avec celui-ci, le faire profiter autrement qu'*ex testamento* de la différence entre la moitié de l'hérédité et la part pour laquelle il avait été institué (*Pothier, ad* § 2, N° 7, *note* 1 *de dot. coll.*).

21. Nous avons déjà eu l'occasion de montrer que les principes sur le rapport de la dot étaient ceux du droit prétorien, relativement au rapport des biens de l'enfant émancipé; telle est l'opinion de Cujas (*ad l.* 1 *pr. ff. de dot. coll.*). On a soutenu le contraire, en se fondant sur la loi 35 *ff. fam. ercis.* Il s'agit dans cette loi d'une fille, qui a été dotée, et qui se trouve concourir à l'hérédité paternelle avec ses frères. Papinien

décide qu'elle retiendra sa dot en préciput ; ce qui signifie qu'elle ne la rapportera pas. Mais pourquoi en est-il ainsi? Est-ce en vertu de principes étrangers à ceux du rapport ordinaire, ou n'est-ce pas plutôt en vertu de ces derniers? En effet, le jurisconsulte suppose que les enfants ont été institués héritiers. Or, la fille, héritière sienne, n'est-elle pas traitée ici comme l'enfant émancipé, institué héritier? Nous citerons en faveur de notre doctrine la loi 7 *C. h. t.*

Ainsi, la fille héritière sienne rapporte bien sa dot. Si elle eût été émancipée, elle eût rapporté non seulement sa dot, mais encore tous les biens que rapporte tout émancipé (*l.* 1, § 2, *ff. de dot. coll.*).

25. Mais à qui se fera le rapport de la dot? Si nous nous guidions d'après les principes du droit prétorien, nous déciderions qu'il se fait aux mêmes que ceux auxquels le ferait l'enfant émancipé ; d'où nous conclurions que la fille, héritière sienne, ne doit le rapport de sa dot qu'aux autres enfants, héritiers siens, et pas aux enfants émancipés. Cependant, le contraire résulte des textes ; ce que nous expliquerons plus loin. (V. n. 67.)

26. On peut conclure de la loi 1, § 5 *ff. h. t.* que les émancipés ne se doivent pas le rapport entre eux ; ce qui est confirmé par nombre de textes(*L.* 2, §5. *h. t.*; 9 *c. h. t.*; 1 § 15 *ff. de conj.*). Où serait en effet le préjudice qu'ils se cause-

raient mutuellement? La condition respective de chacun n'est-elle pas placée au même niveau? leurs droits ne sont-ils pas égaux et de la même nature? « *par est jus utriusque et condi-* « *tio*, dit Cujas (*T.* 50. *op. post. p.* 715) Nec plus « juris in bonis paternis alter habet altero ». Aussi, nous ne comprenons guère comment ce jurisconsulte, après avoir répété cette vérité, *p.* 718, ajoute ensuite que, d'après les principes anciens, la dot entre émancipés, devait être rapportée. « *Quod et ita puto*, dit-il, *obtinuisse jure* « *veteri, ne sui qui hæc conferant invicem deteriore* « *conditione sint, quam emancipati* ». Il cite bien la loi 17 *C. h. t....* Mais, cette loi stipule pour le droit nouveau introduit par l'empereur Léon, et la dot primitivement, ainsi que nous l'avons fait remarquer, n'a été régie que par les principes du droit prétorien (*l.* 1, § 24 *ff. h. t. et passim*).

27. Nous avons montré que le rapport n'existe pas entre émancipés. Il est un texte pourtant qui décide assez nettement le contraire. C'est la loi 1 § 16, *de conj.* Ulpien, l'auteur de cette loi, suppose un frère émancipé et deux frères héritiers siens, dont l'un est mort laissant deux enfants. L'un de ces enfants est héritier sien; l'autre est émancipé. L'hérédité de l'aïeul, père de famille, s'ouvre. Le fils émancipé du défunt est nécessairement assujetti au rapport. Mais à qui se fera le rapport? Il faudra, dit Ulpien,

faire trois parts des biens rapportés. La première appartiendra au frère héritier sien; la deuxième sera conservée par le frère émancipé; quant à la dernière, elle reviendra aux petits enfants du défunt. Nous comprenons qu'elle revienne à celui de ces petits enfants qui est héritier sien. Mais, le jurisconsulte ne distinguant pas, il s'en suivrait que le rapport peut être fait à un émancipé, au moins dans le cas spécial où cet émancipé est un petit-fils, succédant par représentation de son père mort héritier sien, et concurremment avec son frère, également héritier sien. Faut-il admettre cette interprétation? Faut-il plutôt voir une antinomie entre la loi 1 § 16 *de conj.* et les autres textes précités, notamment la loi 9 *c. h. t.* Nous ne suivrons ni l'un ni l'autre de ces partis. Quoiqu'il nous répugne d'invoquer l'altération d'un texte, pour sortir de l'impasse où il jette, nous pensons avec Cujas (*obs.* 3. 29.) et Pothier (*ad lib.* 36, *t.* 6, *note* 3) que c'est à ce dernier parti qu'il faut s'arrêter. Au lieu de lire: *ex defuncto unus nepos in potestate, alius nepos emancipatus....* Cujas lit: *ex defuncto alio emancipato duo nepotes in potestate.* Quant à Pothier, il conserve les mots corrigés par Cujas. Seulement, certains mots qui suivent sont lus par lui au singulier, ainsi: *Quantum nepoti...... unam isti.... quamvis hic minus......* De plus, au lieu de lire: *Concurrente patre,* il lit: *Concurrente fratre.* Cette dernière correction est évidemment exacte, puisque l'espèce de la loi suppose le père décédé. La leçon de Pothier nous paraît préférable à celle de Cujas.

28. Il est évident que les descendants émancipés sont seuls assujettis au rapport, et que les ascendants et les collatéraux en sont exempts. A l'égard des premiers, nous pourrions même nous demander comment cette obligation serait réalisable. En effet, est-ce que la constitution primitive de la famille romaine ne rend pas impossible un concours d'ascendants sur l'hérédité d'un descendant? Qu'arrive-t-il au décès d'un descendant? c'est que si ce descendant n'est pas sorti de la famille, et qu'il n'ait pas testé, le père de famille se trouve saisi de ses biens *jure peculii*, les fils de famille n'ayant pas d'héritiers *ab intestat* (*L.* 2, § 1 ff. *de castr. pec.*; *Inst. per quas pers. nob. acq.*) Que s'il a été émancipé, et qu'il n'ait pas laissé d'enfants, son père, ainsi que sa mère, lui succèdent bien *ab intestat*, mais il ne concourent pas ensemble, le père excluant toujours la mère, soit qu'il invoque sa qualité de *manumissor*, soit qu'il obtienne autrement la possession de biens. (l.2, § 15 *ad sen.c. Tertull.*; 10 *ff. de suis et legis.*) et la mère à son tour, excluant toujours les autres ascendants (D. L. 2). Il est bien vrai qu'avant la constitution de Léon, qui commença à transformer les principes du rapport, les fils de famille ayant pu acquérir les biens provenus

de leurs ascendants maternels, par suite des constitutions de Constantin, Arcadius et Honorius, il leur fut donné aussi des héritiers *ab intestat*. Mais, quand ils ne laissaient pas de postérité, leurs frères et sœurs étaient préférés aux ascendants, (L. 4. C. *de bon. quæ lib. in pot.*; *ult.* C. *comm. de success.*), qui, à leur défaut seulement, héritaient alors *jure communi, id est tanquam peculium paganum*, comme dit Théophile (*M. Ortolan* t. 2, p. 29). Le même résultat se produisit dans la succession des émancipés, sauf que le père *manumissor* continua à être préféré à la mère. (L. 2. C. *ad s. c. Tertull.*) Mais, quand d'une part, les frères et sœurs, bien que préférés aux ascendants, n'étaient pas cependant assujettis au rapport les uns vis-à-vis des autres; quand d'autre part, cette même obligation n'atteignait pas, avant la constitution de Léon, les enfants eux-mêmes, concourant à la succession d'un ascendant maternel, comment eût-elle pu atteindre les ascendants en concours?

Cette exemption de rapport que nous avons reconnue exister au profit des ascendants, reconnaissons qu'elle existe pareillement en faveur des collatéraux dans le silence des textes.

§ 3.

De la proportion du rapport.

29. La mesure du préjudice que cause à l'hé-

ritier sien l'intervention de l'émancipé doit être aussi la mesure du rapport à effectuer par celui-ci. Conséquemment, en cas de concours entre deux héritiers siens et un émancipé, ce dernier ne prendra qu'un tiers des biens héréditaires et rapportera à chacun de ses co-partageants un tiers de ses biens propres. (L. 1, § 24 ff. h. t.); c'est ce que Cujas (*ad 1; fi. t. 6. 4, pr.* 88), formule si brièvement et si exactement, quand il dit : « *cui nihil aufertur, nihil confer-* « *tur, et ei, cui aliquid confertur pro modo ejus* » *quod aufertur, etiam confertur.* » Plusieurs textes nous fournissent des applications de cette formule. (L. 1 § 13, § 14; 1 § 5; 3 § 1, § 6; 7 ff. h. t.)

30. Faut-il ranger parmi ces textes la l. 1, § 5? *h. t.*) Voici l'espèce prévue par cette loi : Un père de famille a fait un testament, par lequel il a institué un étranger pour le quart, et un fils unique héritier sien, pour les trois autres quarts. Il se trouve qu'un enfant émancipé omis rend le testament stérile en obtenant la possession de biens *contra tabulas*. Dans quelle proportion le rapport sera-t-il fait par celui-ci ? Ulpien, invoquant l'opinion conforme de Julien, répond : *Pro quadrante tantum bona sua collaturum... quia solum quadrantem fratri abstulit.* Mais par ces mots : *proquadrante tantum bona sua collaturum;* le jurisconsulte entend-il que l'émancipé doit rapporter le quart de ses biens ? Vinnius (*Cap.*

16, n° 2), semble bien admettre qu'il s'agit du quart des biens, tandis que Cujas est avec raison d'un avis contraire. Suivant lui (*Obs.* 30 *et ad l.* 1 *h.t.*), Ulpien se serait *borné* à décider que le rapport aurait lieu, *eu égard* à la fraction des biens retirés à l'héritier sien par l'émancipé, et que celui-ci aurait à rapporter non pas un quart, mais un tiers de ses biens. S'il en était autrement, l'émancipé rapporterait moins qu'il ne prend ; car il faudrait pour que le préjudice par lui causé, fût seulement du quart, que l'héritier sien eût été appelé à toute la succession, tandis qu'il n'a été appelé qu'aux trois quarts, l'autre quart ayant été laissé à un étranger. Or, le quart pris par l'émancipé sur toute la succession en sus de l'autre quart, pour lequel il a été en quelque sorte subrogé aux droits de l'étranger, représentant, relativement à ce qui est revenu à l'héritier sien, le quart des trois quarts, c'est-à dire le tiers de l'hérédité, ce sera conséquemment un tiers de ses biens, et non pas un quart seulement, que l'enfant émancipé devra rapporter.

Cujas montre que son interprétation ne fait qu'appliquer la loi 1, § 14 *de conj.* En vertu de cette loi, un émancipé, son frère héritier sien, et les enfants de l'émancipé restés dans la famille se partagent l'hérédité paternelle *ab intestat.* L'héritier sien prend une moitié, et l'autre moitié se répartit entre le père et ses enfants, aux termes d'une disposition additionnelle, l'édit *de conjungendis*, qui fait l'objet du livre 8, titre 57 au Digeste. En effet, cet édit décide que lorsqu'un père a été émancipé, laissant dans la famille, dont il est sorti, des enfants qui sont ainsi des héritiers siens, le père émancipé prend la moitié des biens échus à ses enfants dans le partage de l'hérédité paternelle, et que ceux-ci se partagent entre eux l'autre moitié, *ut neque emancipatus*, dit Ulpien, *solus veniat et excludat nepotes in potestate manentes; neque nepotes jure potestatis objiciantur patri suo (L. 1, § 1 ff de conj.)*. Mais, dans ce cas, le père émancipé doit le rapport à ses enfants. Or, que leur rapporte-t-il ? La moitié de ses biens, répond le jurisconsulte (*d. l.* 1, § 14); car il prend une moitié dans le partage entre lui et ses enfants. Et pourtant, cette moitié ne forme que le quart de toute l'hérédité. Ce qui prouve, comme le fait remarquer Cujas, que c'est, d'après le texte de la loi 1, § 14 précitée, moins ce qu'un héritier, ayant droit au rapport, prend sur toute la succession qu'il faut envisager, pour fixer la quotité proportionnelle à rapporter, que la part de cet héritier comparée à celle de l'émancipé.

30. A l'occasion de la loi 1 § 14, précitée, nous avons examiné la proportion dans laquelle se fait le rapport, quand il y a concours d'un seul émancipé avec ses propres enfants héritiers siens ; voyons ce qu'elle est, quand il y a con-

cours de plusieurs émancipés avec un ou plusieurs héritiers siens. La règle qui fixe cette proportion, et que nous trouvons pour notre part tellement bizarre, qu'elle nous paraît être le résultat d'une erreur de calcul, peut se résumer en ceci: c'est que dans le cas de concours de plusieurs émancipés avec les héritiers siens, ces derniers sont mieux traités que dans les cas où les émancipés auraient été eux-mêmes héritiers siens, et d'autant mieux qu'il y a plus d'émancipés. (*Voir*, *l.* 1, § 24 ; 2, § 5 ; 3, § 2 *ff. h. t.*). Ainsi supposons quatre fils : Primus, Secundus, enfants émancipés, puis Tertius et Quartus héritiers siens. Leur père a laissé 400. Les deux enfants émancipés avaient en propre : Primus 100, Secundus 60. Ces biens ont été rapportés. Que prendront définitivement les rapportants ? Primus aura 133, 33, Secundus 120; telle est l'espèce prévue par la loi 3, § 2 précitée. Or, dans cette espèce, nous voyons que l'émancipation, qui ne devrait ni nuire, ni profiter aux héritiers siens, leur profita. En effet, si Primus et Secundus n'avaient pas été émancipés, que serait-il arrivé ? C'est que la masse héréditaire étant de 400, et la somme des biens rapportés s'élevant à 160, il y aurait eu à partager également entre les enfants la réunion de ces deux sommes, 560, dont chacun aurait pris le quart, 140. La part d'un héritier sien, dans notre espèce, s'il ne s'agissait que d'un partage entre héritiers siens, devrait donc être égale à 140. Mais la solution de la loi précitée fait que cette part sera plus forte. N'avons-nous pas vu que la part de Primus s'élevait à 133, 33, et celle de Secundus à 120? Or, les différences réunies entre chacune de ces sommes et la somme de 140, formant un supplément de 26,67, dont la moitié est de 13,335, c'est cette somme de 13, 335 qui sera ajoutée à 140, c'est-à-dire à la seule somme qui devrait revenir à chacun des héritiers siens. Ainsi chacun d'eux recevra 153, 335, tandis qu'il ne devrait recevoir que 140. Il était possible d'éviter ce résultat du calcul, sans pour cela introduire le rapport entre émancipés. Ne suffisait-il pas que chaque émancipé rapportât seulement une fraction de ses biens, dont le dénominateur aurait été le nombre de tous les enfants; en sorte que, dans notre espèce, en prenant, puisqu'il y a quatre copartageants, d'une part un quart des 100 appartenant à l'émancipé Primus, c'est à dire 25 et d'autre part un quart également des 60 appartenant à l'émancipé Secundus, c'est-à-dire 15, ce qui fait en somme 40, chacun des héritiers siens, d'après ces données, n'aurait eu que 40, par suite du rapport, qui, réunis à 100 pris dans la masse héréditaire, formeraient bien la somme cherchée de 140. On comprend maintenant comment les héritiers siens peuvent être d'autant mieux traités qu'ils concourent avec un plus grand nombre d'héritiers siens.

31. On se rappelle notre règle générale : que le rapport est dû à chaque héritier sien, en proportion de ce que l'émancipé prend dans la masse héréditaire. Cette règle ne fléchit pas dans le cas où le partage se fait par souches ; par exemple, lorsqu'un héritier sien se trouve en face de ses deux neveux émancipés, représentant leur père prédécédé. Dans ce cas, la moitié de la masse héréditaire sera attribuée à l'oncle. Quant à l'autre moitié, elle sera partagée entre ses neveux, en sorte que chacun d'eux n'aura qu'un quart de toute la masse. Cependant, ils seront tenus de rapporter chacun moitié de leurs biens (L. 2, § 7 *ff. h. t.*). Mais remarquons que notre loi de proportionnalité n'est abandonnée ici qu'en apparence.

En effet, c'est une conséquence de la représentation, qui est le fondement du partage par souche, que ceux d'une même souche soient considérés vis-à-vis des têtes héréditaires comme une seule et même tête. Et ces idées reçoivent naturellement leur application quand il s'agit de rapport (L. 7, *ff. h. t.*). Dès lors, on peut s'expliquer, comment, dans notre espèce, les deux neveux rapportent la moitié chacun de leur propre patrimoine, puisque telle serait la mesure exacte du rapport que ferait leur père qu'ils représentent, s'il réunissait dans sa main les deux patrimoines.

32. Malgré la loi de proportionnalité en ma-

tière de rapport, il se peut que l'émancipé rapporte à la masse plus ou moins qu'il n'en prend ; ce qu'il est aisé de s'expliquer.

33. Mais, de prime-abord, on ne comprend guère qu'il puisse rapporter tous ses biens, sans en rien conserver. Pourtant l'hypothèse est possible. Il suffit de supposer que l'émancipé est obligé de rapporter à deux hérédités simultanément ouvertes, au partage desquelles il a le droit de concourir pour moitié. Ce qui a lieu, lorsqu'il est appelé à l'hérédité de son père émancipé, en même temps qu'à celle de son aïeul, et que chaque défunt a laissé un héritier sien, (L. 2, § 6, *ff. h. t.*). Dans ce cas, l'émancipé ne conservera rien de ses biens; car il doit en rapporter la moitié, à l'égard de l'une des hérédités, et il subit la même obligation à l'égard de l'autre.

SECTION II.

Des cas dans lesquels le rapport a lieu d'après les principes nouveaux.

34. L'empereur Léon fut premier qui changea l'aspect du rapport. Au lieu de se rattacher aux principes de la constitution primitive de la famille romaine, cette pratique, depuis lui, n'eut d'autre fondement, dans certains cas, que l'intérêt de l'égalité entre les enfants, intérêt auquel les réformes prétoriennes n'avaient satisfait que d'une manière incomplète, et en quelque sorte accessoire, puisque ce fut plutôt pour

indemniser les héritiers siens d'un préjudice causé par l'intervention irrégulière de l'émancipé, que pour atteindre, d'une manière directe et absolue, l'égalité, que le rapport fut introduit par le préteur.

35. La révolution opérée par Léon ne frappa pas indistinctement les anciens principes, comme le prouve la loi 17, *in fine c. h. t.* Il n'y eut que le rapport de la dot qui reçut de cet empereur des règles nouvelles, qu'il étendit à la donation *propter nuptias*, tardivement admise en droit romain, et dont les traces les plus anciennes n'apparaissent qu'aux temps de Théodose et de Valentinien (L. 8, § 4, C. 5, 17).

36. Ne pas distinguer, en soumettant au rapport cette donation *proter nuptias* aussi bien que la dot, si le donateur défunt est le père de famille ou non du donataire ; s'il est son ascendant paternel ou son ascendant maternel ; si le descendant invoque le bénéfice de la représentation, ou s'il est appelé directement ; considérer uniquement si un descendant quelconque est appelé à la succession *ab intestat* d'un ascendant quelconque, telle fut la révolution opérée par l'empereur Léon.

On comprend la portée de cette révolution, quand il s'agit d'une succession d'origine maternelle ; les liens du sang sont tout. Ces successions maternelles qui ne furent consacrées qu'à l'époque de l'empire par le droit romain, ne le furent pas d'un seul jet. Sous Marc-Aurèle, grâce sans doute à l'influence du mouvement philosophique, qui marqua le règne de ce prince, un premier pas fut fait par le sénatus-consulte Orphitien (*Inst. lib.* 3, *t.* 4). Mais le christianisme dut inspirer la réforme plus radicale accomplie par Théodose, Valentinien et Arcadius (*C. Théod.*, *lib.* 5, *t.* 1 ; *const.* 4 ; *Inst.*, *lib.* 3, *t.* 1, § 15).

37. Il semble que le but auquel tendait l'empereur Léon n'ait pas été atteint parfaitement, et que sa constitution n'ait pas été applicable au cas de descendants en concours, qui, comme les neveux ou nièces, avaient besoin d'invoquer le secours de la représentation vis-à-vis de leur oncle ou tante. Il est bien vrai que quand il s'agissait de l'hérédité du père de famille, les oncles ou tantes devaient le rapport à leurs neveux ou nièces, et réciproquement; mais, quand il s'agissait de toute autre hérédité, les avis sur ce point étaient partagées avant Justinien. Suivant les uns, les oncles ou tantes ne devaient pas le rapport à leurs neveux ou nièces, parce que le rapport n'avait jamais eu lieu *inter cognatos a latere*, mais seulement *inter liberos*. Suivant les autres, les oncles ou tantes devaient le rapport à leurs neveux ou nièces, et ces derniers ne le devaient qu'à leurs oncles maternels, attendu qu'il n'aurait été imposé qu'au profit de ceux-ci par une constitution d'Arca-

dius (*L. nepot.*, *C. Théod. de legit. hæred.*), constitution qui vint compléter les règles établies antérieurement par Théodose et Valentinien, concernant l'admission restreinte des descendants de la fille héritière sienne, au rang des héritiers siens (*L. 4, lib. 5, t. 1, C. Théod.*).

Justinien fit cesser les controverses que nous venons d'exposer, en décidant (*L. 19 c. h. t.*) que les oncles ou tantes quelconques feraient le rapport de la dot ou donation *propter nuptias* à leurs neveux ou nièces quelconques concourant avec eux au partage de la succession de l'ascendant donateur quelconque, et réciproquement.

38. La constitution de Léon n'établissant le rapport que dans la ligne descendante, nous pensons devoir encore appliquer, depuis cette constitution, ce que nous avons décidé plus haut à la section précédente, relativement aux collatéraux et aux ascendants, quand il s'agit de la dot et de la donation, *propter nuptias.*

39. Remarquons que la constitution de Léon se borne à décider que, quand il s'agit de l'hérédité *ab intestat* des ascendants (*parentum*), il faut rapporter la dot ou donation *propter nuptias* reçue par un descendant quelconque d'un ascendant quelconque. Concluons-en qu'elle n'exige pas du descendant concourant au partage de la succession de son ascendant, qu'il soit celui ayant reçu de cet ascendant une dot

ou une donation *propter nuptias* pour être tenu de la rapporter. Cette conséquence n'est-elle pas d'ailleurs expressément prévue par la constitution de Léon, qui soumet au rapport la dot ou donation *propter nuptias* faite au descendant par l'intermédiaire de son conjoint.

Ainsi, de même que le petit-enfant, pour succéder à son aïeul, devra le rapport de la libéralité reçue par son père ou sa mère, qu'il se soit abstenu ou non de la succession du donataire (*opinion conf. Dumoulin Cons.* 25), de même ce petit-enfant devra le rapport de la libéralité qu'il aura reçue lui-même de son aïeul.

40. On a soutenu que dans ce dernier cas, le rapport ne pourrait être fait par le petit enfant à ses oncles ou tantes, mais seulement au petit enfant qui serait son frère ou sa sœur. L'argument tiré de la loi 1 § 2 *de dot. coll.*, à l'appui de ce système, nous paraît vicieux. Est-ce que la loi 1 § 2 ne se réfère pas au rapport prétorien? est-ce que, dès lors, elle pourrait être appliquée, quand il s'agit d'une succession maternelle?

Vinnius pense qu'on pourrait peut-être invoquer ce texte depuis la constitution de Léon, et la loi 17 C. *de coll.*; mais il préfère, et avec raison, selon nous, ne tenir aucun compte de la loi 1 § 2, en sorte que notre solution est la sienne. (Vinn. cap. 12. n° 2).

41. Les principes nouveaux d'après lesquels

Léon avait réglé le rapport de la dot et de la donation *propter nuptias*. Justinien les étendit à la donation *simple* dans les cas où celle-ci était soumise au rapport. (*L. pen. c. h. t.*)

42. Enfin, la fameuse novelle 118 de cet empereur, ayant appelé les descendants à la succession de leurs ascendants, même paternels, avec un droit égal, sans examiner s'ils étaient émancipés ou non, il en résulta que le rapport dût pouvoir être fait aux émancipés.

43. Quant à la disposition additionnelle de l'édit du préteur qui faisait concourir au partage de l'hérédité paternelle l'émancipé avec ses propres enfants, quand ils n'étaient pas, comme lui, sortis de la famille, on admet généralement qu'elle a été abrogée par la novelle ; telle est l'opinion de Pothier (*ad lib.* 37 T. 8 n° 15.) Cependant Cujas est d'un avis contraire T. 4. ad. L. 1.)

CHAPITRE II.

DES BIENS SOUMIS AU RAPPORT.

44. Les biens soumis au rapport doivent réunir trois conditions. Il faut 1° qu'ils soient transmissibles héréditairement ; 2° qu'ils appartiennent encore à l'émancipé, lors du décès du père de famille ; 3° que l'émancipation soit la seule cause pour laquelle ils n'ont pas appartenu à ce père de famille.

45. 1re *Condition.* — Cette condition se conçoit; car, de quel droit des co-partageants pourraient-ils réclamer leur part de biens que le défunt, s'ils lui avaient appartenu, n'aurait pu leur transmettre? c'est ce qui résulte de la loi 1, § 21, (*ff. h. t.*).

On sait que l'adrogé impubère, qui a été émancipé par l'adrogeant sans motifs, peut, à raison de ce fait, réclamer une quarte sur la succession du père adrogeant prédécédé. Or, la loi précitée décide que, pour savoir si cette quarte peut être rapportée, il faut savoir préalablement si elle est transmissible par voie héréditaire. Remarquons incidemment que cette loi contient une inexactitude, en disant que l'action en réclamation de la quarte est transmissible héréditairement, parcequ'elle est personnelle. Est-ce qu'il n'y a pas nombre d'actions personnelles qui se trouvent dans le cas contraire? (*Cuj. ad l.* 1, § 21).

46. C'est à cause du défaut de transmissibilité héréditaire qu'il n'y a pas lieu au rapport : de l'action *de moribus*, accordée au mari contre sa femme; action qui fut supprimée (*l. ult. C. de rep.*); des actions *populaires*, telles que celle non-pécuniaire *sepulcri violati* (L. 9, *de sep. viol.*); de l'action *injuriæ*, exclusivement attachée à la personne, nonobstant la loi 8, *C. de inj.*, qui décide que le dommage causé rentre dans cette action; car il n'y rentre pas comme dommage

causé, mais plutôt comme *contumelia* (Cujas, *ad* l. 2 § 4). Mais notons, que toutes ces actions qui ne sont pas en principe transmissibles héréditairement, le seraient, une fois la *litis-contestatio* intervenue.

47. 2me Condition. — Cette condition est indiquée par la loi 15 *C. h. t.* Elle n'est pas inconciliable avec la loi 1, § 22, *h. t.*, où il s'agit d'un émancipé tenu de rapporter le pécule castrans de son fils décédé après le père de famille. En effet, le pécule castrans, quand il fait retour au père *jure peculii*, est réputé rétroactivement lui avoir toujours appartenu (*Cuj.*, *ad l.* 1, § 22, *ff. h. t.*).

48. Par application de notre principe, décidons que l'émancipé n'est pas tenu du rapport des legs, fidéicommis et donations à cause de mort qu'il a reçus de son père (L. 10, 12, 16, *c. h. t.*; *Perezius*, *c. h. t.*, n° 14; *Pothier ad ff. h. t.*).

Cependant cette décision semble contraire à la constitution de Justinien (*l. pen. c. h. t.*), d'après laquelle il faut rapporter ce qui est imputable sur la légitime; car les legs, fidéicommis et donations à cause de mort sont imputables sur la légitime (L. 35, § 2; C. *de inoff. test.* 25 *pr. ff.*, *cod.*; § 3 *et ult. Inst. eod.*). Nous pensons avec Vinnius que ces deux décisions peuvent se concilier, et que Justinien n'a pu avoir l'idée de déroger aux lois antérieures, qui affranchissaient du rapport les legs, fidéicommis et donations à cause de mort, pour cet unique motif que de telles libéralités sont imputables sur la quarte, mais qu'il s'est borné à soumettre au rapport ceux des biens imputables sur la légitime, donnés par l'ascendant *de son vivant*. Tels sont : la dot; la donation *propter nuptias*; (l. 29 c. *de inoff. test.*); la donation entre vifs, faite sous la condition qu'elle serait imputée sur la légitime (l. 25, *pr. ff. eod.*; 35, § 2, C. *eod.*; *pen.* § 1, c. *h. t.*), donation qui se fait d'ordinaire aux enfants dans le but de les élever et établir (l. 1, *c. h. t.*); le profit qu'a retiré le fils d'une *militia*, payée des deniers de son père, d'après son estimation au décès de ce dernier (l. 30, § 2, *c. de inoff. test.*; *pen. pr. h. t.*); enfin, toute chose semblable, dont l'enfant profite du vivant de son père. D'ailleurs, Justinien n'a pu songer, dans sa constitution, où il s'agit de la succession *ab intestat*, aux legs qui se réfèrent à la succession testamentaire.

49. *Quid* des créances conditionnelles appartenant à l'émancipé, quand la condition s'accomplit après le décès du père de famille? Faut-il les rapporter? Nous répondons affirmativement en ce qui concerne les créances autres que des legs; négativement dans le cas contraire. Cette différence vient de ce que, dans les legs conditionnels, l'accomplissement de la condition n'entraîne aucun effet rétroactif, tandis que dans

les stipulations, il produit un effet rétroactif au jour du contrat. (*Cujac. ad l.* 2 § 3).

50. *Quid* du legs fait à l'émancipé sous cette condition *Cum pater morietur*? Est-il soumis au rapport? Oui, en effet, quand il s'agit d'un legs de cette sorte, les jurisconsultes classiques allèguent qu'au moment où l'on meurt, l'on vit encore (*Gaii comm.* 2, n° 232). Le legs était donc bien acquis à l'émancipé avant la mort du défunt. On s'explique cette subtilité d'interprétation à cette époque du droit romain où s'obliger *post mortem suam*, léguer, instituer héritier *post mortem heredis aut legatarii*, étaient des actes sans effet. Il importait donc de ne pas confondre la condition: *Cum pater morietur* avec celle *post mortem patris*.

51. En matière de fidéicommis, il n'y avait pas d'intérêt à distinguer ces deux conditions, attendu que le fidéicommis fait sous la condition *post mortem*, était parfaitement valable. Aussi la condition *cum morietur*, était assimilée au fond à celle *post mortem*. Il pouvait même être utile que le fidéicommis *cum morietur* fût entendu comme on l'entendait; car si un père de famille avait été chargé d'un tel fidéicommis pour son fils non émancipé, en supposant que ce père de famille ait pu *en son vivant* se trouver obligé vis-à-vis de son fils, on supposerait qu'une obligation civile a pu naître entre per-

sonnes dont l'une est sous la puissance de l'autre, ce qui est impossible.

Le fidéicommis, *cum pater morietur*, n'était donc acquis au fils non émancipé de celui qui en était grevé qu'au décès de celui-ci : ainsi, ce fils ayant pu en profiter personnellement, l'émancipé, auquel il aurait été adressé, n'avait pas à en faire le rapport, puisqu'il ne rapporte que ce qu'il aurait acquis au père de famille, à défaut de l'émancipation. (*Pothier, ad* n° 20 *note* 4). Justinien, ayant assimilé les legs aux fidéicommis (3 *Inst. de leg.*), ce que nous avons décidé pour les fidéicommis, nous devons depuis lui le décider pour les legs (*L.* 1 § 18 *et* 19 *ff. h. t.*)

52-3° *Condition.* — Cette condition se déduit implicitement des textes (*Vinn.*, *cap.* 10). C'est ainsi que l'émancipé n'est pas tenu de rapporter les biens qui, s'il n'était pas sorti de la famille, lui formeraient un pécule castrans ou un pécule quasi-castrans (*L.* 1 § 15 *h. t.*), car, il en aurait conservé, quoique non émancipé, la pleine propriété.

42. — Nous n'avons pas à traiter de la théorie des pécules. Notons seulement que les quatre pécules : castrans, quasi-castrans, adventice et profectice, furent, à différents degrés, un adoucissement aux rigueurs primitives du droit civil, en vertu duquel tout ce qu'un fils de famille

acquérait, il l'acquérait au père de famille (*Inst.* § 1 *lib.* 2, *t.* 9)

54.— Les pécules castrans ou quasi castrans furent ceux qui favorisèrent le plus les enfants. Or, à quels biens s'adressaient-ils? Le pécule castrans était tout ce que le fils de famille, à l'occasion du service militaire, avait obtenu, même de son père (*L.* 4, *C. fam. ercis*; 1, *C. de Cast. pec.*); le pécule quasi castrans, tout ce qu'il aurait gagné, dans l'exercice de certaines professions, ou par suite de la munificence impériale, notamment comme officier du palais de l'empereur (*M. Ortolan, sur le liv.* 2, *t.* 9).

55. — Le pécule adventice, qui se composait d'abord de tous les biens recueillis par le fils de famille dans la succession maternelle, puis de tout ce qui avait une source maternelle et de ce qui provenait d'un époux à l'autre, puis enfin sous Justinien de ce que les fils de famille acquéraient pour une cause quelconque, sauf ce qui provenait de la chose du père (*M. Ortolan, loc. cit.*); ce pécule, appartenant au fils de famille pour la nue-propriété, au père de famille pour l'usufruit, nous admettons que les biens, qui le composeraient dans la fortune de l'émancipé, ne sont pas soumis au rapport, en ce qui concerne la nue-propriété. C'est d'ailleurs ce que Justinien décide (*l. ult. C. h. t.*). Il est vrai qu'on ne trouve pas de texte pour l'époque antérieure à cet empereur, et que les premiers

mots de sa constitution semblent supposer que ce point était controversé. Mais nous pensons que notre solution, même pour cette époque, est conforme aux principes.

56. — Relativement à l'usufruit des biens qui auraient composé un pécule adventice, puisque, même sans l'émancipation, cet usufruit aurait appartenu au père de famille, c'est notre avis que le profit qu'il en tire, l'émancipé en doit le rapport. Mais il sera juste de déduire du montant des valeurs que fournira l'émancipé, ce dont il a profité à titre alimentaire, attendu qu'il en aurait profité même s'il eût fait partie de la famille. Cette déduction rentrera dans les attributions du juge qui présidera au partage (*Vinn., cap. 4 in fine*). Réciproquement, les fruits du pécule adventice d'un fils de famille, qui font véritablement partie de son pécule profectice, devront faire partie de la masse héréditaire, à moins qu'ils n'aient été consommés de bonne foi (*L.* 1, § 23; 2, § 2), ou que le père de famille n'ait renoncé à son droit d'usufruit (*Vinn. Cap.* 11, *n°* 4).

57. — Quant aux biens émanant du père, qui auraient, du moins en général, composé un pécule profectice à l'émancipé, sans l'émancipation, comme il n'aurait obtenu, dépendant de la famille, qu'une permission toute révocable d'administrer ces biens ou d'en jouir, il n'aurait eu à leur égard aucun droit; ils auraient fait

partie de la masse héréditaire. Etant émancipé, il est donc juste qu'il en fasse le rapport (*l.* 12 *et ult. C. h. t.*).

58. — Les biens qui auraient fait partie du pécule profectice de l'émancipé sans l'émancipation, ne sont pas tous soumis au rapport; plusieurs en sont dispensés précisément parce que de pareils biens dans les mains du fils de famille n'auraient pas été compris dans la masse héréditaire. Voyons d'abord ce qu'il faut décider à l'égard des libéralités ayant un but déterminé, et qui ne sont ni la dot ni la donation *propter nuptias*, que nous passerons en revue ensuite.

59.—Pour reconnaître si les libéralités ayant un but déterminé, doivent ou ne doivent pas être rapportées, Vinnius (*Cap.* 14) est d'avis qu'il faut distinguer si l'objet de ces libéralités est ou n'est pas destiné à avoir de durée. C'est pourquoi il ne soumet pas au rapport les frais faits par le père pour la nourriture de l'émancipé, ceux de route pour se rendre auprès de ses maîtres, ceux qui s'appliquent aux salaires et honoraires de ceux-ci. Ces dons, qui ne sont que du moment, ne sauraient avoir été faits pour être rapportés; c'est d'ailleurs un sentiment d'affection qui a poussé le père à les faire; et dans ce cas, on ne doit pas les imputer sur la part de l'émancipé (*L.* 50 *ff. fam. ercisc*), pas plus qu'on ne devrait imputer sur cette part les emprunts faits par le père pour payer ces frais (*arg. a fortiori, L. 5 C. ad S. C. macedon.*), puisque, s'il s'agit d'emprunts faits au fils lui-même pour le même but, ces emprunts seront valables, parce que *patris pietas non recusaret*. Si à la mort du père, les enfants restent dans l'indivision, les frais d'éducation, que nous venons de détailler, devront-ils, tant que durera l'indivision, être rapportés? Nous pensons qu'ils devront l'être (*L*. 2, § 6. *ff. pro socio*; 39 § 3 *ff. fam. ercisc.*). Quant aux frais pour achat de livres, Vinnius pense qu'ils sont rapportables, en se fondant sur ce que la nature de ces frais fait supposer l'obligation de les rapporter. Il ajoute que les frais, qui en principe ne sont pas rapportables, le seraient, s'ils étaient excessifs, parce que le père devrait être réputé avoir entendu qu'il en fût ainsi (*Vin. cap.* 14, n° 4 et 5). Du reste, il pose cette règle générale, qu'il faut rapporter, toutes les fois qu'à défaut du rapport, une trop grande inégalité règnerait entre les enfants (*Arg., L. pen. in fine c. h. t.*); que, dans ce cas, il entrera dans l'office du juge de rétablir l'équilibre (*L*. 2, § 2, *ff. h. t.*). Les dépenses nécessaires à l'entretien de l'émancipé ne devront pas plus lui être comptées qu'elles ne le sont à ses co-partageants, héritiers siens (*Arg. L.* 1, *de neg. gest.*; *Vinn. cap.* 14, *n°* 6; *Perez., Cod. h. t. n.* 12). Toutes ces décisions pourront être dérangées au cas où le père aurait manifesté des intentions contraires.

60. — Le fils qui a dissipé l'argent à lui envoyé pour ses études, doit-il le rapporter ? oui, car les frais d'études ne sauraient s'entendre des dépenses qui, loin d'aider ses études, les auraient, au contraire, entravées. Et d'ailleurs, il ne serait plus possible de soutenir que l'intention du père a été de dispenser du rapport le fils dissipateur. En vain dirait-on que ce père a laissé faiblir sa surveillance ; cette circonstance ne devrait pas plus profiter au fils qu'elle ne doit nuire à ses co-héritiers (*Arg. L.* 37, *in fine ff. de minor.*; *Vinn. n°* 8).

61. — Le rapport ne s'appliquerait pas à ce que le père a payé pour racheter son fils de l'ennemi. C'est le lieu d'invoquer ici la raison d'affection ; *Cum etiam si quis pro affectione domestica aliquos sumptus fecerit, nulla ratione eos repetere possit* (*L.* 1, *C. de neg. gest.*; 16, *C. de post.*; *Perez, Cod.* 4, *n°* 12 ; *Vinn. n°* 9). Mais cette raison serait à tort invoquée, relativement à ce que le père aurait payé pour un délit de son fils (*Perez, n°* 12 ; *Vinn. n°* 10).

62. — Ce que le père a donné à l'émancipé pour soutenir sa famille ou pour exercer un métier, doit être rapporté (*L.* 17 *in fine C. h. t.*). Mais il n'en serait plus de même de ce qui a été donné à l'émancipé pour le récompenser de services signalés. En pareil cas, l'émancipé

a été traité, non plus comme fils, mais comme aurait pu l'être un étranger. Or, celui qui invoque le droit de tout étranger, *exterum jus*, n'est pas soumis au rapport (*L.* 10, *c. h. t. Vinn. n°* 12). Aussi, Vinnius fait-il rentrer cette libéralité plutôt dans les biens qui auraient composé un pécule adventice dans le dernier état du droit, que dans ceux qui auraient composé un pécule profectice à l'émancipé, attendu qu'une pareille libéralité lui semble principalement acquise *industria atque opera filii* (*Arg. L.* 6, *pr. c., de bon. quœlib.*).

63. — Le don fait à l'émancipé, *dignitatis nomine*, n'est pas soumis au rapport. La raison de Papinien, c'est que ce don a été fait *propter onera dignitatis* (*L.* 1, § 16, *ff. h. t.*).

64. — Notre solution ne doit pas être absolue ; elle n'est pas vraie à l'égard de toute *dignitas*, notamment à l'égard des *militiæ*. Les *militiæ* étaient, sous les empereurs du Bas-Empire, des offices de palais. On distinguait des *scriniarii* (archivistes), *laterculenses* (gardes des robes), *quæstores* (questeurs), des *silentiarii*, officiers chargés la nuit de veiller à la tranquillité. L'office était vénal ; le *casus militiæ*, c'était le prix de l'office ; en cas de remplacement du titulaire, ce prix devait être payé soit au titulaire précédent soit à ses héritiers. Le *casus militiæ*, considéré au moment de la cession, devait être rapporté par l'émancipé, à qui son père avait acheté

une *militia*; il n'y avait que l'office de *silentiarius* qui ne fût pas rapportable, parce qu'il n'était pas imputable sur la quarte (*L.* 30, § 2, *de inoff. test.*; 20 *pr. c. h. t.*; *Perez n°* 13; *Cujas, t.* 5, *p.* 726, *de collat.*)

Ainsi, la *militia* était transmissible, sans l'être héréditairement, ce qui nous montre qu'une transmissibilité quelconque pouvait suffire pour indiquer quelles choses étaient rapportables (*Vinn., cap.* 13, *n°* 20).

65. — Les profits que le fils a retirés par son industrie, même de la chose du père, seront-ils rapportés en totalité? ou ne le seront-ils pas? ou enfin seront-ils rapportés par moitié seulement? c'est à ce dernier parti que Vinnius s'arrête (*cap.* 14, *n°* 1); suivant ici l'avis conforme de Barthole (*Arg. l.* 6, *pr. c. de bon. quæ lib.*)

66. Passons maintenant au rapport de la dot. On distinguait la dot profectice et la dot adventice. Cette distinction est utile, quand la femme n'est pas émancipée, si l'on considère la qualité de ceux auxquels est fait le rapport. Quand la femme concourt avec les héritiers siens, peu importe l'origine de la dot; la dot profectice ou adventice doit indistinctement leur être rapportée. (*L.* 3. 4, 12. *C. h. t.*) Mais s'il s'agit de co-partageants émancipés, la femme n'est tenue de leur rapporter que sa dot profectice, comme le prouve la loi 4 précitée.

La distinction, que nous venons de faire

n'est vraie que jusqu'à Justinien, puisque cet empereur ne soumet au rapport, et d'une manière absolue, que les biens profectices.

67. La décision donnée par la loi 4 n'est pas contredite par les lois 3 et 12 du même titre qui sont muettes à l'égard des co-partageants émancipés. Leur silence ne prouve pas qu'elles contredisent la loi 4 ; il s'explique puisque ces lois se placent seulement dans l'hypothèse de la femme non émancipée, partageant l'hérédité paternelle concurremment avec des héritiers siens (*Vinn., cap.* 12 n° 1.)

68. Il semble que la fille héritière sienne, étant à l'égard de sa dot *loco emancipati* elle ne devrait pas la rapporter à ses co-héritiers émancipés ; cependant les textes précités décident autrement pour la dot profectice. C'est qu'en effet, comme cette dot est sortie des biens paternels, il est juste qu'elle soit, comme ceux-ci, partagée entre tous les héritiers civils ou non, et partant rapportée; d'autant plus que, bien qu'elle soit sortie de ces biens paternels, elle doit y revenir, le mariage une fois dissous par le décès de la femme. (*Cujac. t.* 5 *op. post. p.* 714).

Ces mêmes raisons n'existent plus quand il s'agit de la dot adventice ; aussi Cujas les invoque-t-il, pour l'intelligence de la controverse relatée sous ladite loi 4. Disons ici que cette loi, pour être comprise, ne doit pas être lue littévalement Vinnius (*cap.* 12. n° 6) immédiatement avant le mot : *constitutum*, lit ; *alias* ou *ab aliis*. Nous admettons sa leçon.

69. La fille doit rapporter même la dot qui ne lui a été que promise (L. 1, § 1, ff. *de dot. coll.*), mais, dira-t-on, comment peut-elle rapporter une dot que son mari n'a pas touchée ? Elle le peut en ce sens qu'elle peut donner caution à ses co-héritiers, à l'effet de les garantir contre l'action en réclamation de la dot, qui compte à son mari contre ceux-ci pour leur part héréditaire (*Cujac.*, T. 5, *op. posth. p.* 713 ; *L.* 2. *C. de hæred. act.*)

70. On s'est demandé si l'émancipé était tenu de rapporter la dot constituée à sa femme ? Cette question est résolue negativement par Vinnius (*Cap.* 12, n. 8.), et nous sommes de son avis. En effet, si la dot est réellement dans les biens du mari, tant que dure le mariage, elle est néanmoins considérée comme étant encore le patrimoine propre de la femme, puisque, à la dissolution de mariage, elle doit lui faire retour (*L.* 75, ff. *de jure dot.* ; 3 § 5, ff. *de minor.*) Et même dans le cas où le mari gagne la dot adventice (*M. Ortolan*, T. 1, *pr.* 484, *éd.* 1854), de sa femme prédécédée, le rapport ne doit pas avoir lieu, puisque cette dot a été destinée à l'indemniser des charges du mariage qu'il a supportées (L. 1 § 20 ; 3 § 4 ff. *h. t.*)

71. L'émancipé ne doit pas non plus le rap-

port de la dot par lui constituée à sa fille; car, cette dot est sortie de son patrimoine (L. 1 § *ult. ff. de dot. coll.;* 4 *c. h. t.*) Aussi, Accurse, (*in l.* 6. *h. t.*) Cujas, (*in. l.* 4 *c.*) et Vinnius (*Cap.* 12 n. 9) décident-ils que, si elle a fait retour à l'émancipé, à la dissolution du mariage, celui-ci devra la rapporter.

72. La fille ne rapporte pas la dot qui ne doit pas lui revenir; ce qui a lieu quand le constituant en stipule le retour à son profit, le mariage une fois dissous (*L* 1, § 1, *ff. de dot. coll.*; *Cujac. ad d. l.*)

72. Aux règles sur le rapport de la dot, il faut rattacher certaines dépenses faites par le père de famille, qui sont comme un appendice de la dot, tout en distinguant, comme le veut Vinnius, entre celles qui doivent avoir une durée et les autres. Les premières, telles que, achat de bagues, pierreries, colliers, sont rapportées de la même manière que la dot elle-même; il faut décider autrement à l'égard des dépenses, comme celles pour repas, de noces. (L. *c.* 8 *de jure dot.*; *Vinn. cap.* 13, n° 1).

73. Si le mari de la fille vit encore, sans que le mariage soit dissous, la dot constituée à la fille devra-t-elle être rapportée? Cette question n'en serait pas une si, pendant le mariage, la dot n'était au pouvoir du mari. (*L.* 75, *ff. de jure dot.*). Mais, comme le mari en est le *dominus*, n'est-il pas inique d'obliger la fille au rapport d'une

dot qu'elle ne possède pas, qu'elle ne peut exiger qu'à la dissolution du mariage (L. 2, *ff. Sol. matr.*; 5 *c. h. t.*)? et d'autre part, n'est-il pas inique de faire souffrir le mari d'un rapport fait à une succession, qui lui est étrangère? Il est un moyen de parer à cette situation complexe: il suffira que la femme laisse prélever à ses cohéritiers une valeur égale à celle de sa dot (*d. L.* 5). De cette manière, le mari conserve intact un droit qui lui était déjà acquis, et la femme, rapporte réellement sa dot; ce qui est juste, puisque cette dot est dans ses biens (L. 75, *ff. de jure dot.*), n'ayant d'autre but, en servant à l'acquit des charges du mariage, que le bien-être et l'avantage de la femme. (L. 75).

74. Les principes que nous venons d'exposer ont été heureusement modifiés par l'authentique *quod locum* (*c. h. t.*); depuis l'authentique, la fille durant le mariage, doit rapporter sa dot, même quand elle n'a pas été payée au mari; et quand celui-ci est insolvable, s'il marchait à sa ruine à un moment où sa femme, qui le savait, a été en faute de n'avoir pas poursuivi la restitution de sa dot. Mais, pour que cette obligation du rapport incombe à la fille, il faut qu'elle soit émancipée et âgée de 25 ans, ou à défaut d'émancipation, que le père de famille ne l'ait pas empêchée d'agir. Il suffit même que sa dot ait été *considérable*, qu'elle ait été ou non empêchée d'agir par le père de famille. Dans tous

ces cas, elle a pu légalement réclamer sa dot.

75. Nous venons d'épuiser, au point de vue du rapport, l'examen des libéralités, ayant un but déterminé, ou *ob causam*, comme les appelle Vinnius (*cap.* 3, *n°* 3); les autres, les donations simples sont-elles soumises au rapport? Il faut distinguer ici de quelle source elles proviennent, et à quelle époque du droit l'on se place.

76. S'agit-il d'une donation simple constituée par un ascendant de la ligne maternelle? Avant Justinien, à moins que le donateur ne l'ait prescrit, lors de la donation, L. *pen. in fine, c. h. t.*), le rapport n'est pas dû aux héritiers du donateur, en concours avec le donataire, puisque l'émancipé seul rapporte, et que l'émancipation ne se comprend pas au respect d'une succession maternelle.

77. Depuis Justinien, la donation simple d'origine maternelle ne doit pas, en principe, être rapportée; c'est ce qu'on s'accorde généralement à décider en vertu de la constitution de cet empereur insérée L. *pen. h. t.* On n'excepte, en vertu de cette constitution, que deux cas: celui dans lequel le donateur a lui-même déclaré soumettre sa libéralité au rapport, et celui où un autre des enfants est obligé à rapporter une dot ou une donation *propter nuptias*; parce que l'ascendant alors, en faisant la donation simple, semble avoir voulu faire seulement à l'enfant do-

nataire une position semblable à celle de l'enfant qui a reçu la dot ou la donation *propter nuptias*.

78. *Quid*, s'il s'agit d'une donation simple, constituée par un ascendant paternel? Sur cette question, qui présente nécessairement deux aspects, puisqu'il est possible de distinguer le donataire non émancipé et le donataire émancipé, les interprètes sont divisés Quand le donataire n'est pas émancipé, Pérézius (*n°* 18 *de coll.*). Vinnius (*cap.* 15, *n°* 1), Zoesius (*n°* 22, *de coll*) Voët (*n°* 13, *de coll.*) Doneau (*c.* 9, *de judic. div.*) et Brunemann soutiennent, qu'en principe, sauf dans les deux cas exceptionnels précités, il est dispensé de rapporter la donation simple, émanant de l'ascendant paternel; tandis que Cujas (*obs.* 30 *et t.* 5, *de coll. p.* 725, 726, 727) et Domat (*l. civ. du rapp., sect.* 3, *n°* 9) soutiennent le contraire. Mais quand le donataire est émancipé, on décide généralement qu'il est soumis au rapport. Vinnius nous paraît être le seul qui n'admette pas cette décision.

Dans ce conflit des interprètes, ce qui nous étonne, c'est de n'avoir vu nulle part notre question traitée séparément et d'après le droit antérieur à Justinien, et d'après le droit introduit par ce prince. Nous trouvons cette séparation utile, puisque relativement au donataire non émancipé, sous le droit antérieur à Justinien, nous ne prenons parti ni pour les uns, ni pour les autres.

79. Nous pensons d'abord qu'avant Justinien le donataire non émancipé n'est point tenu du rapport, à moins que le donateur ne l'y ait formellement astreint. Nous argumentons de la loi 18 *c. fam. ercisc.*, qui, dans le partage des biens héréditaires prescrit au juge délégué à cet effet, d'adjuger à une fille non émancipée à titre de préciput un objet que le *de cujus*, en son vivant, avait acheté au nom de cette fille. Suivant Cujas (*obs.* 30), cette loi supposerait un donataire institué héritier, prélevant la donation non plus en qualité de donataire, mais en vertu du testament, comme le fait la fille pour sa dot même (35 *ff fam. ercisc.*). Or, on sait que l'héritier testamentaire n'est pas tenu au rapport de ses biens, pas même au rapport de sa dot ou de la donation *propter nuptias (l. 7 c. h. t.)*. Cette hypothèse de Cujas, nous la repoussons, parce que la loi 18 précitée ne nous semble nullement impliquer la nécessité d'une institution d'héritier. Il est vrai que Cujas oppose une loi qui au premier abord lui donne raison ; c'est la loi 13, *C. h. t.*, qui défend à une fille non émancipée de *prélever* le fonds dont son père lui a fait donation. Mais cette loi et la loi 18 précitée ne peuvent-elles pas se concilier, d'autant plus qu'elles sont toutes deux l'œuvre de Dioclétien ? Ne peut-on pas avec Vinnus voir dans l'acte du père de famille sous la

loi 15 une pure concession *à titre de pécule*, qui fait considérer le fond donné non pas seulement comme devant être rapporté, mais encore comme faisant toujours partie de la masse héréditaire. Cette interprétation ne découle-t-elle pas aisément de l'importance même de l'objet donné....... un fond? ne peut-on pas au contraire, sous la loi 18, voir une véritable donation du père de famille à son enfant non émancipé, puisque Paul (*Sent. lib.* 5, *t.* 11, 3 nous apprend que cette donation n'est pas impossible, malgré les principes sur la famille, et qu'elle est validée par le décès du donateur, pourvu que jusqu'à ce moment celui-ci ait persisté dans ses premières intentions? La forme même que le père suit pour donner, n'est-elle pas une manifestation énergique de sa volonté de donner autrement qu'à titre de pécule?

Remarquons que les derniers mots de la loi *pen. c. fi. t.* semblent prouver qu'un père par une stipulation expresse aurait pu soumettre au rapport son enfant non émancipé.

80. A partir de Justinien, nous décidons que le donataire non émancipé n'est tenu du rapport que dans les deux cas exceptionnels de la loi pen. précitée. En effet, nous invoquons encore ici la loi 18 précitée, et nous combattons comme ci-dessus l'objection qui a été tirée de la loi 15 *c. h. t.* Mais, comme nous nous plaçons à l'époque de Justinien, et que la loi pen. suppose

bien que l'ascendant donateur peut être un ascendant paternel, nous pensons que le rapport est prescrit au donataire non émancipé dans les deux cas exceptionnels précités, dont l'un existait déjà.

La loi 25 *C. de don. int. vir. et ux.*, particulièrement relative à la sanction des formes de l'insinuation, décide que les donations du genre de celle dont il s'agit ici seront non seulement validées par le décès du donateur, mais que, sous certaines conditions, elles seront encore confirmées, en sorte que leur validité remonte au jour de leur date. Pourrait-on, en vertu de cette loi, décider que la donation simple, faite au non-émancipé, a pu exister rétroactivement avant le décès du donateur, et qu'alors elle doit être rapportée? Cette décision serait juste, si nous raisonnions au sujet d'un émancipé; mais nous supposons le cas contraire. N'importons donc pas ici les règles du rapport par l'émancipé.

81. A l'égard de la donation simple faite à l'émancipé, et antérieurement à Justinien, nous pensons que cette donation est assujettie au rapport. En effet, la loi 17 *in fine c. h. t.* restreint formellement à la dot et à la donation *propter nuptias* les changements qu'elle apporte aux principes du rapport, en stipulant le maintien des anciens principes, en vertu desquels les émancipés sont tenus de rapporter tout ce qu'ils ont reçu de leur ascendant paternel, soit au moyen

de l'émancipation, comme cela est d'usage, soit après l'émancipation : *emancipati....., pro tenore præcedentium legum, ea quæ in ipsa emancipatione a parentibus suis (ut adsolet fieri) consequuntur, vel post emancipationem ab iisdem parentibus adquisierint, collaturis.* Il ressort bien nettement de ce texte qu'il comprend la donation simple faite à l'émancipé, et que celle-ci par conséquent est assujettie au rapport. Vinnius prétend qu'il s'agit de ces libéralités *ob causam*, dont nous avons déjà parlé, celles notamment qui ont pour but l'établissement de l'enfant, et qui effectivement doivent être rapportées. Mais, cette interprétation de Vinnius, donnée à l'occasion des mots *ut adsolet fieri*, ne saurait s'appliquer aux mots *vel post emancipationem....* auxquels ne se refèrent plus les mots *ut adsolet fieri*.

Vinnius oppose la loi 2 *c. de inoff. donat.* Cette loi, qui suppose qu'un père, ayant deux enfants, a épuisé tout son patrimoine par une donation simple au profit de l'un d'eux non émancipé, enjoint à *l'arbiter familiæ erciscundæ*, d'accorder une quarte à l'enfant à qui son père n'a pu rien laisser, et il résulte bien des lois 5, 7, 8, que celui-ci n'obtient rien de plus que sa quarte, puisqu'elle est déduite des biens donnés. (l. 5.) Or, suivant Vinnius, si le donataire était soumis au rapport, comme le patrimoine ne se composerait que des biens donnés, est-ce que l'enfant non-donataire n'aurait pas sa moitié dans le partage? Cependant, la loi ne lui accorde que sa quarte. C'est donc que son frère n'est pas soumis au rapport. Cet argument de Vinnius n'a rien, selon nous, de bien concluant; pour qu'il eût de la force, il faudrait admettre que l'émancipé à qui son père a tout laissé peut être assez simple pour demander une possession de biens qui aurait pour effet de l'obliger à partager avec son frère le patrimoine entier de son père dont il est nanti. Or, c'est précisément, parce que l'émancipé, dans l'espèce de la loi, se gardera bien de demander une possession de biens qui, au lieu de lui être avantageuse, lui serait préjudiciable, qu'il a fallu pourvoir au sort de l'enfant non donataire par le moyen indiqué dans la loi.

On pourrait encore invoquer dans notre sens deux arguments *a contrario*, l'un tiré de la loi 1 *c. h. t.* qui ne soumet pas l'émancipé *institué héritier* au rapport des donations quelconques que lui a faites son père, *a patre donata* ; l'autre de la novelle 18 (*cap.* 6), où Justinien constate qu'avant lui l'héritier institué n'était pas tenu de rapporter la dot ou les autres donations qu'il aurait reçues du disposant, *res habere per dotem aut alio modo datas*. Mais nous nous en tenons à l'argument tiré de la loi 17 précitée.

82. Enfin à l'égard de la donation simple

faite à l'émancipé, mais postérieurement à Justinien, nous croyons qu il faut se décider comme pour l'époque antérieure à cet empereur. Nous ne pensons pas que cette décision soit contraire au texte de la loi *pen.* § 1. Il est bien vrai que cette loi ne distingue pas plus la qualité des enfants qu'elle ne distingue la ligne des ascendants. Mais, comme ses derniers termes semblent se référer à des donations simples, qui antérieurement n'auraient été soumises au rapport que moyennant une stipulation expresse du donateur à cet égard, et qu'antérieurement à Justinien, il nous semble incontestable que la donation simple faite à un émancipé par son ascendant paternel devait être rapportée, nous pensons qu'il doit en être de même depuis la loi *penult.* précitée.

CHAPITRE III.

COMMENT SE FAIT LE RAPPORT.

83. — Suivant Cujas, le rapport se fait de trois manières : *re, cautione, remissione (Cujac., t.* 5, *op. post. p.* 716).

84. — Le rapport se fait *re*, par la remise de la chose soumise au rapport (*L.* 1, § 12, *ff. h. t.*).

85. — La remise d'un équivalent de cette chose suffirait-elle au choix du rapportant ? ce choix lui est généralement refusé, quoique le texte de la loi 1, § 12, *ff. h. t.* semble le lui ac-

corder. On se fonde, pour décider ainsi, sur ce principe, qu'un débiteur ne peut, contre le gré de son créancier, payer une chose pour une autre (*L.* 2, § 1, *ff. de reb. cred.*), mais un équivalent de la chose même soumise au rapport peut être remis par le rapportant dans certains cas ; ainsi : quand ses co-partageants y consentent ; quand ils n'ont aucun intérêt à ce qu'il en soit autrement *(Dumoulin, in l.* 13, *c. h. t.)* ; quand il a aliéné de bonne foi la chose à rapporter ; quand un rapport en nature n'est plus possible ; quand il doit lui nuire, par exemple, quand il est tenu de rapporter ses livres d'études, parce qu'il serait inique de lui retirer des livres, *in quibus propter diuturnum usum, memoriam localem habet* (*Vinn. cap.* 16, *n°* 2, 3, 4 ; *Perez, de coll.* § 24 ; *Zoes, de coll.*, § 49).

Dans tous ces cas, l'équivalent sera fixé par la valeur de la chose, au moment où le rapport a été demandé, et cet équivalent pourra consister soit en argent soit en toute autre chose. Toutefois, Vinnius pense que si la chose soumise au rapport a été aliénée depuis la mort du *de cujus*, il faudra rapporter ce qui a été reçu au lieu et place de cette chose (*Vinn.*, *n°* 4).

86. — Le rapport se fait *cautione* quand le rapportant garantit le rapport en nature ou par équivalent, au moyen de fidejusseurs ou de gages. La stipulation qui a lieu alors, devrait, comme toutes les stipulaations prétoriennes,

L. 7 *ff. de stip. præt.*), n'être garantie que par des fidéjusseurs : des gages devraient ne pas suffire. Cujas (*ad L.* 1, § 9) voit dans la loi 1, § 9, qui décide le contraire, une exception au principe.

Le rapport *cautione* n'est pas un véritable rapport, puisqu'il ne sert qu'à garantir le rapport en nature ou par équivalent, qui doit nécessairement avoir lieu après un délai suffisant, mais qui ne saurait être de rigueur, puisque le rapport n'a lieu que *boni viri arbitratu* (*L.* 2, *ff h. t.*) C'est un préliminaire utile quand les enfants ne s'entendent pas sur les choses à rapporter (*L.* 1, § 11, *ff. h. t.*).

87. Quant au rapport *remissione*, il rentre dans le rapport par équivalent ; comme celui-ci, il n'a lieu qu'exceptionnellement. C'est un véritable rapport en moins prenant ; plusieurs textes s'y réfèrent (L. 1, § 12 *ff h. t.*, 5, *C. eod.*)

88. Puisque le rapport n'a lieu que *boni viri arbitratu*, il convient que le rapportant déduise préalablement de ce qu'il est tenu de rapporter ce dont il est débiteur.

89. *Quid*, de ce qu'il doit sous condition ? Dans ce cas, il n'y a ni obligation née, ni obligation exigible, tant que la condition n'est pas accomplie (*L.* 213 *ff de verb. sig.*). En conséquence le rapport aura lieu comme s'il n'y avait pas de dette, mais caution sera fournie au rapportant à l'effet de lui restituer ce qu'il ap-

partiendra, quand la condition sera accomplie (*L.* 2, § 1, *ff h. t.*).

90. Le rapportant n'est pas responsable des objets qu'il n'a plus, du moment où il est de bonne foi (*L.* 1, § 23 *ff h. t.*) ; à cet égard Vinnius est d'avis que quand le rapport s'applique à des objets particuliers, il faut tenir compte aux co-partageants de leur valeur, quand bien même ils auraient été aliénés de bonne foi, et qu'il existerait des dettes (*Vinn.*, *n°* 9; *auth. quod loc.*) Du reste, on n'est pas tenu de rapporter les choses qu'on aurait négligé d'acquérir (*L.* 1, § 23, *ff h. t.*)

91. — *Quid* des dépenses occasionnées par un objet rapporté? Distinguons les dépenses nécessaires, utiles et voluptuaires. Vinnius ici semble appliquer aux objets particuliers soumis au rapport les règles de la dot (*cap.* 16. *n°* 10.). Les dépenses nécessaires sont de plein droit déduites de la dot (§ 37, *inst. de act*; *L.* 1 § 5. *ff. de dot. coll.*). Les dépenses utiles ne sont pas déduites de plein droit; mais pour les répéter, le mari a une action de mandat ou une action *negotiorum gestorum* (*Cujac.*, *ad L.* 1, § 5). Il n'y a ni déduction ni répétition des dépenses voluptuaires.

Il suit de ce qui précède que la dot tout entière devait être rapportée, même quand elle avait occasionné des dépenses, pourvu qu'il s'agît de dépenses nécessaires.

92.— Nous raisonnons relativement à la dot,

après la dissolution du mariage; à cette même époque, qu'arrivait-il si le mari avait été insolvable? On sait que le mari, actionné alors en répétition de la dot, ne pouvait être condamné que jusqu'à concurrence de ses ressources, déduction faite d'aliments pour lui. Tel était le bénéfice de compétence (*L.* 12. *ff. sol. matr.*); dans ce cas, la femme ne rapporte que ce qu'elle a reçu (*L.* 1, § 6 *ff. de dot. coll.*).

92. Que faut-il décider, quand le mariage existe encore? Nous savons qu'en principe autrefois la femme ne pouvait répéter sa dot, pendant le mariage, mais qu'une novelle de Justinien modifia le droit à cet égard (*Nov.* 97, *cap.* 6), ainsi que nous l'avons vu au chapitre précédent.

Notons que, du jour où la fille est en demeure de rapporter sa dot; elle en doit les intérêts à ses co-partageants (*L.* 5 § 1 *ff. de dot. coll.*).

94. L'obligation du rapport a sa sanction.

A cet égard, il faut distinguer celui qui ne peut et celui qui ne veut pas rapporter. Celui qui ne peut rapporter, par exemple à cause de son indigence, ne doit pas être privé du bénéfice de la possession de biens; on ne doit pas non plus lui refuser les actions héréditaires; seulement il sera constitué à sa portion héréditaire un curateur, entre les mains duquel les sommes provenant de la vente des effets héréditaires seront déposées, en sorte que l'enfant ne puisse les toucher qu'après avoir préalablement satisfait au rapport prescrit (L. 1, § 10; L. 2, § 9, *ff. h. t.*). Quant à celui qui ne veut pas faire le rapport dont il est tenu, les actions héréditaires lui seront refusées, et toute l'hérédité passera aux autres enfants, à moins qu'il ne se décide à s'acquitter de son obligation (*L.* 1, § 10; 3 *pr. ff. h. t.*; 11 *et* 14 *c. h. t.*).

95. Une autre différence existe entre la position de celui qui ne peut et celle de celui qui ne veut pas faire le rapport exigé. C'est quand le rapport doit être fait à deux ou plusieurs copartageants, et qu'il n'est fait qu'à l'un d'eux par celui qui en est tenu ; à celui qui fait un rapport incomplet par mauvaise volonté, on refusera les actions héréditaires pour la totalité de sa part; à l'autre, au contraire, on ne les refusera que pour moitié ou moins que moitié, selon le rapport qu'il fera, et on constituera un curateur pour garantir les intérêts de ceux auxquels le rapport n'aura pas été fait (L. 1, § 13, *ff. h. t.*).

96. *Quid*, si celui qui ne fait pas le rapport exigé est déjà en possession de sa part héréditaire? Cujas (*ad. L.* 8, *c. h. t.*) distingue si le partage a été fait d'avance par le *de cujus*, s'il l'a été amiablement entre les héritiers, s'il l'a été par le juge délégué à cet effet. Dans le premier cas, l'acte du père semble contenir une dispense tacite du rapport de la part de celui qui en est tenu, si tous les biens du père ont été par-

tagés par lui (L. 20, § 2, *ff. fam. erc.*) ; sinon, il faudra procéder, comme dans le deuxième cas. Dans ce deuxième cas, un partage amiable a été bien fait (L. *ult. ff. fam. erc.*) ; mais le juge qui aurait été délégué au partage, s'il ne s'était pas fait amiablement, interviendra (L. 3, *comm. utr. jud.*) ; et il sera procédé devant lui à un partage supplémentaire. Vinnius pense que l'intervention du juge n'est pas possible; mais il accorde aux intéressés une *condictio indebiti*, fondée sur ce que celui qui est tenu du rapport, quand il a rapporté moins qu'il n'appartenait, a reçu des biens héréditaires plus qu'il ne lui était dû (*arg.* L. 10, § 1, *ff. de compens.*, § 5 *pen. ff. de imp. in rem. dot. fact.*; 36, *ff.*, *fam. erc.*; *Vinn. cap.* 16, n° 16.).

Dans le dernier cas, il faudra, comme dans le second, recourir à un supplément de partage, aux opérations duquel un juge pourra encore être délégué (L. 20, § 4, *ff. fam. erc*) ; ce juge forcera alors celui qui n'a pas fait le rapport exigé à le faire; mais comment, puisqu'il n'a pas de *jurisdictio ?* Il est vrai qu'il n'a pas de *jurisdictio*, mais il pourra refuser les actions héréditaires.

97.— Quand la caution fournie est devenue insolvable, il faut en présenter une autre dans un délai convenable; faute de quoi, celui qui est tenu de présenter une autre caution sera condamné envers les intéressés à leur payer une somme égale au préjudice qu'il leur cause (*L.* 5, § 3, *ff. h. t.*; *Perez, c. h. t. n°* 19; *Vinn.*, *cap.* 16, *n°* 15).

98. — Il existe un cas particulier où la fraude, à laquelle on aurait recours pour se soustraire à l'obligation du rapport, n'empêcherait pas qu'on ne fût tenu de rapporter. C'est le cas où le père adoptif, dont le fils peut obtenir la possession *contra tabulas*, quand il s'agit de l'hérédité *du père naturel*, émanciperait le fils adoptif, afin d'empêcher le rapport d'avoir lieu (*L.* 1, § 14, *ff. h. t.*, 4 *de conj.*).

—

DROIT FRANÇAIS.

DES RAPPORTS A SUCCESSION.

PREMIÈRE PARTIE.

CHAPITRE I.

DES RAPPORTS A SUCCESSION SOUS L'ANCIEN DROIT.

99. Le droit français ne présentait pas avant la révolution cette uniformité, qui depuis a été son trait le plus saillant. Chaque province, on pourrait presque dire chaque localité avait son droit à part, sa coutume. Il est bien vrai que dans le Midi de la France le droit romain avait conservé son autorité légale, et que les coutumes officiellement rédigées, dans la dernière moitié du XVe siècle, par suite de l'ordonnance de Montil-lez-Tours (1453), n'avaient été en général que celles du Nord ; mais il a été démontré que le remaniement social opéré à la suite des invasions avait laissé ses traces sur les institutions

juridiques des pays méridionaux, et que dans le Nord, il n'avait pu effacer l'influence primitivement exercée par le droit romain, que ce droit se reflétait même sur les coutumes officielles, et que dans leur silence il avait l'autorité de la *raison écrite*. Ainsi, avant 89, toute la France était coutumière.

100. Par ces nombreuses variétés de notre ancien droit, les principes des rapports à succession devaient être affectés ; aussi, furent-ils compris diversement. Dire ce qu'ils étaient, dans chaque coutume, ou même faire un dénombrement géographique des coutumes ayant des points communs entre elles, ce serait entreprendre une étude que Lebrun et Pothier, qui ont écrit sur l'ancien droit, n'ont pas jugée utile, quoiqu'ils aient classé les principales théories qui de leur temps s'appliquaient aux rapports à succession. Nous nous bornerons à suivre leur méthode.

101. Faut-il ne se placer comme eux qu'à l'époque où notre droit coutumier s'est trouvé constitué? Assurément, il serait curieux de remonter à une époque antérieure ; mais l'insuffisance des documents qui nous sont restés semble ne laisser le champ ouvert qu'aux suppositions les plus gratuites ou au moins les plus générales. Pothier (*Succ. ch. 4, art. 3*, § 2.) admet que l'égalité dans les partages, par conséquent, l'obligation du rapport, aurait été un

rempart contre les emportements des mœurs barbares, une nécessité politique aux temps de l'invasion. « Il était d'autant plus important, « dit-il, de maintenir cette égalité à l'égard « d'hommes guerriers et féroces, tels qu'étaient « nos ancêtres, plus susceptibles que d'autres de « jalousie, et toujours prêts à en venir aux mains « et aux meurtres pour les moindres sujets. »

Une formule du livre de Marculfe, qui montre assez bien que du temps de ce moine, au VIIe siècle, l'enfant devait le rapport à ses frères, à moins d'en avoir été dispensé de la manière la plus énergique. Voici cette formule: « *Ammonuit me amor et dulcitudo tua et ex alia* « *parte mihi non cessas deservire et in bonum impen-* « *dis effectum. Propterea, mihi præpatuit plenissima* « *voluntas ut aliquid de rebus propriis meis extra* « *consortium germanorum tuorum tibi concedere* « *deberem....* » Ainsi, il s'agit d'un père qui avantage son fils en récompense de sa piété filiale, et qui emploie les expressions les plus énergiques: *mihi præpotuit plenissima voluntas*, pour que les frères ne puissent contester le don préciputaire.

102. — Au XVe siècle, mais à une époque antérieure à la rédaction officielle des coutumes, Bouteiller, dans la Somme rurale (*liv. 1, t. 75*), écrit: « Si plusieurs enfants sont d'un père et « d'une mère, et ainsi, soit que le père et la « mère ayent à aucun fait plusieurs grands dons

« et assennes plus que aux autres : si sachez « que selon plusieurs coustumes si le père ou « la mère mouraient, ceux qui ainsi ont eu don « et assenne, s'ils veulent auoir parchon de « leur succession de leur père et de leur mère « avec leurs autres frères, il leur conuient rap- « porter ce qu'ils ont eu par aduance et faire « de tout vn mout et partir fraternellement. »

103.—Ainsi, il résulte des remarques de Pothier que la pratique du rapport aurait une origine nationale, contemporaine des invasions, et, quant aux citations de Marculfe et de Bouteiller, elles tendraient à prouver que cette pratique a été observée à deux époques de notre ancien droit éloignées l'une de l'autre, dont la première coïnciderait avec celle de l'établissement de la monarchie franque, et l'autre avec l'époque où le droit coutumier se constitua.

Nous pensons volontiers que la pratique du rapport, parce qu'elle est l'expression d'un principe d'équité, aura existé à toute époque de notre ancien droit; mais cette forme caractérisée qu'elle présente dans les coutumes officiellement rédigées, il est supposable qu'elle ne commença à la prendre qu'au XIIe siècle, sous l'influence des compilations de Justinien qui, à ce moment, furent connues en France.

Quant à l'origine attribuée par Pothier à la pratique du rapport, nous la considérons comme très contestable. Les hordes qui envahirent la Gaule étaient des tribus germaines ; or, le privilége de masculinité, qui a une origine toute germaine, et qui, malgré ses transformations successives, persista dans notre ancien droit ; le privilége de mainetë également, dont l'origine, si elle est celtique, serait antérieure aux invasions, ces deux priviléges s'accordent mal avec les idées que Pothier prête à nos ancêtres.

Ces priviléges, à côté desquels nous placerons un privilége qui naquit seulement avec la féodalité, le droit d'aînesse, durent singulièrement restreindre la pratique du rapport, du moins à l'égard des terres nobles et entre personnes nobles.

104.—Nous savons déjà comment le rapport fut entendu dans les pays de droit écrit ; car, ces pays, ainsi nommés parce qu'ils suivaient les principes du droit romain, acceptèrent la théorie des rapports à succession, telle que nous l'avons vue modifiée par Justinien. Ce qui est vraiment très caractéristique, c'est que l'altération subie autrefois par le droit romain, dans les provinces où il conserva force de loi, ne gagna pas la théorie des rapports à succession, c'est du moins ce que nous atteste Merlin (*rép. v. rapp.*, § 1, n° 1) : « Les provinces, dit-il, qui « se gouvernent par le droit écrit, s'y sont con« formées sans difficulté ni restriction, et ac« tuellement encore elles ne connaissent pas

« d'autres lois sur le rapport, que les règles « qu'elles y ont puisées. »

105. — Dans les pays coutumiers, où le droit de Justinien ne fut pas suivi, son influence s'y fit néanmoins sentir, en ce qui concerne notre matière; car, les diverses théories dont elle y fut l'objet, ne tendirent généralement qu'à restreindre ou étendre dans des proportions différentes la théorie romaine.

106. Il y avait bien certaines coutumes qui rejetaient complétement le rapport; mais elles n'étaient ni nombreuses ni d'une grande importance territoriale.

Il y en avait d'autres qui étaient muettes sur notre matière. Comment devait-on interpréter leur silence? Ricard (*Traité des donat.*, *t.* 1, n°644) était d'avis qu'il fallait alors recourir au droit romain; ce qui semble avoir été confirmé par la doctrine et la jurisprudence.

108. — Avant de passer aux règles diverses que suivaient les coutumes, il est une règle essentiellement coutumière, puisqu'elle tirait sa raison d'être de leur diversité, et qui s'appliquait à toutes : c'est la règle des statuts. Que décidait-on à l'égard des biens à rapporter, situés dans les territoires de coutumes différentes? Pothier (*Succes.*, *ch.* 4, *art.* 2) nous apprend que les immeubles étaient régis par la coutume de leur situation, les meubles par celle du domicile de la succession.

109. — Quelles étaient les règles des coutumes qui prescrivaient le rapport ? quant à l'objet lui-même du rapport, les unes exigeaient que toutes les donations, à l'exception toutefois des donations en faveur du mariage, fussent rapportées ; d'autres exigeaient l'inverse, et il s'en trouvait aussi qui, sans distinguer les donations ordinaires et les donations en faveur du mariage, faisaient dépendre le rapport de l'état dans lequel se trouvaient les donataires au moment de l'ouverture de la succession ; elles décidaient que, si parmi les enfants, il s'en trouvait un ou plusieurs qui ne fussent pas mariés, le rapport devait avoir lieu, et embrasser tout ce qui y était sujet de droit commun. Enfin, d'autres coutumes admettaient le rapport sans distinction.

110.— Au point de vue des personnes entre lesquelles le rapport avait lieu, la plupart ne l'éblissaient qu'entre descendants, et tel était le droit commun de toutes les provinces qui n'avaient pas de loi contraire, à tel point que si une coutume avait prescrit le rapport aux descendants et déclaré ne pas l'étendre entre collatéraux, sans s'expliquer à l'égard des ascendants; ou,si cette coutume s'était bornée à n'appliquer le rapport que dans la ligne directe, dans tous ces cas, il était admis généralement, surtout par la doctrine, qu'il ne fallait entendre l'obligation du rapport qu'entre les descendants. Quant aux coutumes qui l'admettaient, tant pour les ascendants et collatéraux que pour descendants, les uns ne concernaient que les roturiers et pas les nobles ; les autres, que les biens venus par succession, et non les biens venus autrement. D'autres enfin ne faisaient aucune distinction. Du moment où une coutume étendait expressément le rapport aux collatéraux, sans s'expliquer sur les descendants, elle était réputée traiter ceux-ci comme les collatéraux.

111. Quant au droit consacré par le code Napoléon d'accorder à son héritier une dispense de rapport, les coutumes l'admettaient-elles? Ce droit, qui existait dans les pays de droit écrit, en vertu de la Novelle 18, n'était pas reconnu partout où la pratique du rapport avait lieu ; cependant il l'était dans un grand nombre de coutumes, ainsi que Merlin (*Op. cit.* § 2, *art.* 2, *n°* 4) nous l'apprend.

Dans les coutumes muettes sur le rapport, il semble que la question de dispense devait être comprise comme elle l'était dans les pays de droit écrit, c'est-à-dire conformément au droit de Justinien. Cependant par une dérogation assez singulière à la règle générale, dérogation que n'admet pas Merlin (*Op. cit.* § 2, *art.* 2, *n°* 3) Ricard (*Donat. t.* 1, *n°* 647) et Ferrière (*sur l'art.* 203, *Cout. de Paris*, *n°* 1) étaient d'avis que le donateur ne pouvait accorder une dispense de rapport au descendant donataire, à cause de l'incompatibilité des qualités d'héritier et de donataire qui formait le droit commun des pays coutumiers.

112. Mais sous l'empire des coutumes, l'héritier présomptif, à qui il a été fait une donation peut-il du moins se dispenser du rapport en renonçant à la succession du donateur? Il faut encore ici distinguer entre les coutumes. Celles qui permettaient au donateur d'accorder une dispense de rapport, admettaient l'affirmative ; les autres tantôt l'admettaient, tantôt ne l'admettaient pas, et celle-ci, à cause leur rigoureuse observation de l'égalité, étaient appelées coutumes d'égalité parfaite. Parmi ces dernières, il y en avait qui ne concernaient que les roturiers : telles étaient les coutumes de la Touraine, de l'Anjou et du Maine ; et les autres, comme la coutume de Normandie, ne faisaient pas cette distinction. Remarquons que les coutumes qui permettaient à l'héritier renonçant de conserver la donation qui lui avait été faite étaient de beaucoup les plus nombreuses. Telles étaient les coutumes de Paris et d'Orléans.

113. Il nous reste à examiner si dans l'ancien droit, il y avait incompatibilité entre les qualités d'héritier et de légataire.

Cette incompatibilité existait dans la plupart des coutumes. Elle existait d'abord dans toutes celles où l'on ne pouvait être héritier et donataire à la fois, puis dans la majorité des autres.

Elle avait même un tel degré d'énergie que dans certaines coutumes où il n'y avait pas d'incompatibilité entre les qualités d'héritier et de donataire, elle s'étendait jusqu'aux ascendants et collatéraux. Du reste, les coutumes exceptionnelles sur notre question exigeaient que le legs fait à l'héritier fût préciputaire.

114. Nous ne parlerons pas du mode et des effets du rapport sous l'ancien droit. Ils ont été généralement reproduits par le code Napoléon, dont nous expliquons la théorie sur la matière des rapports à succession.

115. Cette classification de nos coutumes, que nous avons empruntée au répertoire de Merlin (*V° rapp. à succ.*), où elle est l'objet de développements curieux, n'est pas le seul côté intéressant de l'histoire des coutumes sur notre matière. La mesure d'influence exercée à cet égard par le droit Romain présente aussi beaucoup d'intérêt. La préciser serait une tâche qui nous obligerait à sortir du cadre dans lequel nous nous sommes renfermé. Du reste, les explications que nous avons déjà données incidemment suffiraient pour montrer que cette influence du droit Romain n'est pas contestable.

CHAPITRE II.

DES RAPPORTS A SUCCESSION SOUS LE DROIT INTERMÉDIAIRE.

116. Ce ne fut pas par une transition brusque

qu'aux dispositions de l'ancien droit sur la matière des rapports à succession succédèrent celles qui se détachent actuellement du Code Napoléon. Un premier remaniement fut l'œuvre du droit intermédiaire. Il devait être inspiré par ces idées d'absolue égalité, qui ont marqué si profondément la révolution sociale et politique de 1789 ; c'est aussi ce qui arriva.

En décrétant l'abolition des privilèges féodaux de masculinité et de primogéniture, la constituante avait fait un premier pas vers le principe de l'égalité entre co-héritiers. Mais on ne s'en tint pas à ce résultat obtenu; on ne voulut même pas que cette égalité établie par la loi, pût être défaite par un acte du défunt. Ce ne fut pas la constituante qui consacra cette extrême rigueur. Elle fut bien dans son sein l'objet d'une proposition que soutinrent Mirabeau et Robespierre. Mais les réclamations de Tronchet et de Cazalès prévalurent (*Buchez et Roux, Hist. parlem. t. 9, p. 289 et 300*). Il appartenait à la Convention d'assurer le triomphe des idées de Mirabeau et de Robespierre, en appliquant à toute la France le système des anciennes coutumes exceptionnelles dites d'égalité parfaite. Le but fut atteint par les lois des 5 brumaire et 17 nivôse an II, dont on alla jusqu'à faire rétroagir l'effet à la date du 14 juillet 1789, sans doute parce qu'elles n'étaient considérées que comme l'application des principes d'égalité proclamés à cette époque.

117. Cet effet rétroactif, exorbitant en soi, dut susciter dans la pratique de grandes difficultés, qui vraisemblablement furent la cause de sa suppression par la loi du 18 pluviôse an V.

Enfin, une réaction violente se fit contre l'œuvre de la Convention avec la loi du 4 germinal an VIII. Cette loi, qui déclara valables toutes donations soit entre-vifs, soit testamentaires, décide dans son article 5 « que ces donations « pourront être faites au profit des enfants ou « autres successibles du disposant sans qu'ils « soient sujets à rapport. »

Ainsi, à dater du 4 germinal an VIII, il n'y eut plus, comme sous l'empire des coutumes, incompatibilité entre les qualités d'héritier et de donataire ou légataire ; des dispenses de rapport purent valablement exister.

118. Les derniers mots de l'article 5 de la loi précitée ne sont pas très précis. Aussi ont-ils été interprétés diversement. On a invoqué leur sens grammatical, pour soutenir qu'ils exprimaient une dispense légale de rapport (*Rom*, 21 *juin* 1809). Mais on a dit aussi qu'ils se référaient aux anciennes coutumes, qui à l'égard de l'expression d'une dispense de rapport, auraient conservé leur empire, en sorte qu'il aurait fallu, ou non, exprimer la dispense de rapport dans tel

lieu, selon que la coutume l'exigeait ou ne l'exigeait pas (*Grenier* II, *n°* 476).

Maintenant que le code Napoléon a abrogé la loi de germinal, cette controverse n'a plus guère actuellement l'intérêt qu'elle a offert dans la première moitié de ce siècle.

DEUXIÈME PARTIE.

CHAPITRE I.

DES RAPPORTS A SUCCESSION SOUS LE CODE NAPOLÉON.

SECTION I.

De la notion du rapport.

119. L'obligation du rapport, en droit français, dépend entièrement de la volonté du disposant ; ce n'est que dans son silence que le législateur, se fondant sur une présomption de cette volonté, décide que l'égalité entre les héritiers doit être observée. En cela, notre Code reproduit le droit de Justinien, si nettement formulé dans la novelle 18, ainsi que le droit d'un petit nombre de coutumes. Ce système est assurément le plus sage ; car, s'il était juste d'admettre en principe, ce qui ordinairement

est vrai dans les faits, qu'un père par exemple n'a pas plus d'inclination pour tel de ses enfants que pour les autres, le contraire peut aussi arriver. Des services rendus, un acte de dévouement, peuvent donner à l'un de nos héritiers plus de titres qu'aux autres à notre tendresse. Fallait-il nous refuser le moyen de reconnaître dans la répartition de nos biens cette inégalité accidentelle de nos sentiments? Le législateur, et avec raison, ne l'a pas voulu. Il a pensé d'ailleurs qu'en procédant, comme il l'a fait, il pourrait, dans certains cas, fournir une arme efficace à la puissance paternelle, dans d'autres, faciliter le nivellement des fortunes des co héritiers, en n'empêchant pas que le plus riche fût moins bien traité que le plus pauvre. Ainsi, le Code Napoléon consacre la liberté pour chacun de disposer de ses biens, même au profit de ses héritiers (845 et 919), dans la limite de la quotité disponible. Mais il n'en peut être ainsi que du moment où le donateur en a exprimé le vœu; autrement, les avantages faits par lui à son héritier ne sont considérés que comme de simples avances de sa part héréditaire, comme des avancements d'hoirie.

120. Notre Code, en donnant à l'obligation du rapport le sens qu'elle avait dans le droit de Justinien, ne l'a pas restreinte entre les descendants. A l'exemple de certaines coutumes, il l'applique entre tous les héritiers. Mais, tandis

que le droit de Justinien s'appliquait aux descendants, héritiers testamentaires, notre Code, se conformant aux traditions coutumières, ne reconnaît le titre d'héritiers qu'à ceux auxquels il confère lui-même ce titre, aux héritiers *ab intestat*; il ne voit dans les autres que des légataires.

121. L'étude de l'ancien droit français, dont nous avons essayé de faire ressortir l'intérêt historique, relativement à notre sujet, présente également l'intérêt d'un commentaire excellent, pour l'application de la théorie actuelle des rapports à succession. Cette théorie en effet a été presque en entier formée de matériaux fournis par les débris du passé.

Les effets du rapport à l'égard des créanciers et des légataires, la liste des avantages qui y sont sujets, la manière dont il s'opère, la nature de la résolution qu'il entraîne, les comptes réciproques auxquels peuvent donner lieu les variations subies par le corps certain rapporté, les règles sur les risques, l'aliénation, les droits réels auxquels ce corps certain a pu donner lieu, tout cela doit être généralement entendu, comme dans l'ancien droit, comme dans les traités de Bourjon, de Pothier et de Lebrun.

Il existe même plusieurs dispositions de notre Code sur lesquelles le jour ne se fait d'une manière bien satisfaisante qu'à l'aide des explitions de ces auteurs. Sans entrer ici dans des détails, qui trouveront mieux leur place, quand nous traiterons des points auxquels ils se réfèrent, nous nous bornerons à faire remarquer qu'une matière très importante, le rapport des dettes, est traitée par le législateur de 1804, d'une façon si laconique, qu'elle nous paraîtrait bien obscure, si elle n'était pleinement éclairée par l'exposé si lumineux que Lebrun en fait.

122. Le souvenir des coutumes sur les rapports à succession a dominé les rédacteurs du Code, à tel point qu'il leur a inspiré à l'égard des legs un système qu'il eût été mieux de ne pas suivre.

On sait que le droit coutumier avait généralement proclamé l'incompatibilité des qualités d'héritier et de donataire, s'écartant ainsi du droit de Justinien, qui, loin de consacrer cette incompatibilité, considérait le legs fait à l'héritier comme préciputaire. Le Code, lui, a adopté un système qui n'est ni le système romain ni le système des coutumes. Il valide bien le legs fait à l'héritier ; mais il ne le rend susceptible d'exécution que si le testateur l'a déclaré préciputaire (843) ; faute de quoi l'héritier étant tenu à une espèce de rapport de ce legs, ne se trouve pas plus favorisé que s'il n'était pas légataire.

Quelle est donc en droit français l'utilité d'un legs fait à l'héritier, sans être préciputaire ? car la loi suppose que cette hypothèse peut se présenter. On cite le cas où l'héritier renonce à la succession pour s'en tenir à son legs. Dans ce cas, dit-on, l'option qui appartient à l'héritier légataire entre le legs et sa part héréditaire, donne une véritable utilité à la disposition de la loi. Nous ne contestons pas ce résultat ; mais nous ferons remarquer qu'il peut être atteint, quand il s'agit d'un legs préciputaire. Il était donc inutile d'écrire pour ce cas une disposition susceptible d'être suppléée.

On a cité un autre cas, celui où le rapport peut se faire en moins prenant (860, 868). Le légataire peut alors, en vertu de son legs, retenir, en la précomptant sur sa part héréditaire, la chose qui lui a été léguée. Assurément dans ce cas, la disposition de la loi est utile. Mais cette utilité est restreinte dans de bien petites limites. Son effet se produit à l'occasion de la manière dont le rapport a lieu, quand il s'agit d'un certain mode de rapport, et non pas quand il s'agit de toute espèce de mode.

Il nous semble bien difficile d'admettre que le législateur ait songé aux deux cas par lesquels on a prétendu justifier ce qu'il décidait. Du moment où il faisait dépendre l'obligation du rapport de la volonté du disposant, il devait affranchir les legs de l'espèce de rapport auquel ils sont soumis, si le testateur n'en a décidé autrement. Des donations entre-vifs peuvent être assujetties au rapport. Malgré le rapport, elles ont profité au donataire, qui a pu percevoir les produits des choses données. Mais cette observation n'a plus de fondement pour des legs dont il faut se dessaisir précisément au moment même où l'on en est saisi. Aussi, était-il rationnel de présumer que celui qui fait un legs entend virtuellement qu'il soit préciputaire, sans avoir à le déclarer. Si les rédacteurs du Code ne se sont pas prêtés à ce qu'il en fût ainsi, c'est que l'incompatibilité, établie par le droit coutumier, entre les qualités d'héritier et de légataire, incompatibilité dont on ne se rendait guère raison, les rédacteurs du Code, la voyant en quelque sorte enracinée dans les mœurs, n'auront pas osé la supprimer entièrement.

On sent bien que l'expression *rapport* appliquée aux legs n'est pas exacte. Rapporter, c'est remettre à la masse de la succession une chose qui n'en fait plus partie ; or, les legs, faisant partie de cette masse, il ne peut s'agir de les y faire rentrer par le rapport. Aussi, l'article 843 dit-il que « l'héritier ne peut *retenir* les dons ni « *réclamer* les legs..... » D'autres articles montrent que le législateur a égard à cette différence entre les legs et les donations entre-vifs. Ce n'est que par oubli si dans les articles 846, 847, 848 et 849, il semble n'en plus tenir compte ; c'est encore par oubli qu'il se sert de l'expression *rapport* dans les articles 866 et 918, alors qu'il s'agit de réduction, bien qu'à la rigueur cette expression puisse se justifier à l'égard de la *succession réservée*.

SECTION II.

A quelle succession se fait le rapport.

123. L'article 850 porte : « Le rapport ne se « fait qu'à la succession du donateur. » L'énergie de cette disposition semble indiquer dans l'esprit des rédacteurs du code une réminiscence du droit coutumier. Pothier, leur guide ordinaire, admettait bien ce principe, mais pas d'une manière absolue. Nous voyons qu'il le faisait fléchir dans le cas où un petit-fils était appelé à la succession de son père, après avoir reçu une libéralité de son aïeul, que le père avait dû rapporter à la succession de celui-ci (*Pothier*, *c. IV*, *art.* II, § V, *in fine*). C'est sans doute pour effacer cette distinction que l'article 850 aura été rédigé comme il l'est.

124. Le principe de cet article offre des applications assez délicates quand il s'agit de le combiner avec les règles du contrat de mariage. Pothier les examine relativement au régime de la communauté, qui était le régime adopté par la coutume d'Orléans (*Pothie*, *loc. cit.*) Apprécions-les relativement à tous les régimes organisés par le code.

125. Or, quand les époux dotent conjointe-

ment leur enfant commun, la dot étant présumée pour moitié à la charge de chacun d'eux, et chacun d'eux dès lors étant donateur pour moitié, c'est pour cette quotité que le rapport est dû à sa succession, sans qu'il y ait à rechercher, à l'égard de ce rapport, sur quels biens la dot a été fournie. Il ne faut pas rechercher davantage quel a été le régime adopté par les époux, car sous tous les régimes des obligations conjointes sont divisées, d'après les mêmes règles, comme les art. 1438 et 1544, 1er al. le prouvent.

126. Que si la constitution de dot contient des proportions différentes de la part des époux, le rapport se fait dans la même proportion à la succession de chacun d'eux.

127. Si c'est le mari seul qui fournit la dot sur ses biens propres ou sur les biens communs, pourvu que dans ce dernier cas il s'agisse d'un enfant d'un précédent mariage, et sauf la récompense due par le mari à la communauté, c'est à la succession du mari que se fait le rapport (1439).

Notre décision relativement aux biens communs, dans l'hypothèse où le mari seul dote son enfant, ne s'applique qu'à l'enfant d'un précédent mariage ; car, s'il s'agit d'un enfant commun, le mari n'a agi que comme chef de la communauté, et quand la femme accepte cette communauté, se trouvant donatrice pour la moitié qu'elle en retire, le rapport est dû pour la même quotité à la succession de chacun des époux (1439).

128. — Si, au contraire, c'est la femme seule, dûment autorisée, qui dote son enfant, c'est à sa succession que le rapport se fait, puisqu'elle a seule doté.

129. — Mais il se ferait pour moitié à la succession de chaque époux dans le cas où l'absence du mari permet à la femme dûment autorisée d'engager les biens de la communauté, pour doter un enfant commun, pourvu que la communauté, à sa dissolution, ait été acceptée par la femme, parce qu'alors les choses se passent comme dans le cas où la dot a été constituée à la charge de cette communauté (1427).

130. — Sous tout autre régime que celui de la communauté, la constitution de dot faite par l'un des époux n'obligerait que le constituant (1544 2e al.). Le rapport ne concernerait donc que sa succession.

SECTION III.

De la dispense de rapport accordée par le donateur.

131. — Le Code Napoléon faisant dériver l'obligation du rapport de l'intention présumée du disposant, il en résulte que celui-ci peut dispenser de cette obligation la personne qu'il a avantagée : c'est ce que déclare expressément l'article 843.

132. — La loi n'exige pas que la dispense de

rapport soit accordée dans l'acte même qui contient la disposition. Elle pourrait très bien être renfermée dans un acte postérieur, pourvu que les formes requises pour la validité de la disposition même aient été observées. Car la dispense constituerait un avantage de la même nature que la disposition (919).

133. — Quand le premier acte est un acte entre-vifs notarié (931), il n'est pas nécessaire que l'acte postérieur soit aussi un acte entre-vifs notarié; il pourrait être revêtu de la forme des testaments et valoir comme testament.

134. — Ce qui est vrai de l'acte entre-vifs, le serait également d'un acte testamentaire.

135. — Il est bien évident que si l'acte qui contient la disposition venait à tomber, l'acte de dispense tomberait, mais que la réciproque n'aurait pas lieu. Ce serait ici le cas d'appliquer la règle : *Accessorium sequitur principale.*

136. — L'irrévocabilité imprimée à l'acte de disposition ne se communiquerait pas à l'acte de dispense, si celui-ci était un testament, et comme tel révocable, et réciproquement.

137.—Ajoutons que la dispense contenue dans un acte postérieur ne pourrait avoir d'effet rétroactif au préjudice des droits irrévocablement acquis à des tiers, dans l'intervalle des deux actes. Ainsi, par exemple, un père dispose d'abord en faveur de son fils par avancement d'hoirie, puis en faveur d'un étranger. Il ne pourrait, postérieurement à la donation faite à celui-ci, que nous supposons égale à la quotité disponible, dispenser son fils du rapport, et, par suite l'empêcher d'imputer préalablement sur sa réserve le montant de sa donation.

138.— Du principe que la dispense de rapport n'est au fond qu'une véritable donation, nous en concluons que cette dispense doit être revêtue des formalités qui valident une donation, et comme, selon nous, une donation déguisée sous la forme d'un contrat à titre onéreux, est bien valable, nous pensons qu'une dispense de rapport pourrait être insérée dans ce contrat, bien qu'il ne fût pas notarié et généralement conforme aux règles ordinaires des donations entre-vifs, par application de la règle : *accessorium sequitur principale*, et nonobstant la disposition finale de l'art. 919, qui se réfère uniquement dans ses derniers mots au cas d'une dispense de rapport contenue dans un acte postérieur.

139. La loi se sert de certaines expressions telles que celles de *préciput, hors part, dispense de rapport*, pour rendre une même idée (843, 844, 847, 849, 919). Mais ces expressions n'ont rien de sacramentel ; on pourrait les suppléer par d'autres.

140. Ce n'est pas même une déclaration expresse de dispense de rapport que la loi exige, malgré les termes des articles 843 et 919. Le

mot *expressément*, dans la pensée des rédacteurs de ces deux articles, n'a dû être que la traduction du mot *expressim* contenu dans la Novelle 18, ch. VI, relative à notre matière. C'est ce que fait remarquer M. Duranton, qui ajoute ensuite que le « terme *expressim* a toujours été entendu « dans le sens de *evidenter*, clairement, sans « qu'il y ait doute sur l'intention du disposant. » (Dur. t. VII, n° 219). Aussi, la cour suprême a-t-elle décidé (*Sir.* XII. 1. 386.) que la dispense de rapport résulte de termes suffisants pour *manifester* la volonté de l'accorder. Dès lors cette dispense existe bien, dans les termes de la loi, lorsqu'elle ressort nécessairement de la nature ou du genre de la disposition.

141. Ainsi, lorsqu'il s'agit d'une disposition universelle, laquelle suppose une exclusion absolue des autres héritiers de la quotité disponible, il est certain qu'il y a dispense de rapport.

142. Il en est de même du cas où le donataire du défunt est en même temps grevé de substitution. Comment en effet pourrait-il rendre au substitué, ce qu'on voudrait qu'il rapportât à la succession du défunt? Toutefois, notre décision ici pourrait comporter des tempéraments.

143. Il en est de même encore du partage anticipé fait par un ascendant sous la forme d'une donation, puisque le rapport n'est qu'une opération préalable de partage, et que l'acte de l'as-

cendant est lui-même un partage. Le rapport n'aurait donc plus d'objet; il tendrait à la rescision du partage fait par l'ascendant; or, l'article 1079 a déterminé les cas où l'action en rescision serait admise.

144. La jurisprudence, qui a confirmé ces solutions (*voir les arrêts relatés par Zachariæ, t. 4, notes* 7, 8 *et* 9, § 632), reconnaît de plus qu'il y a dispense de rapport dans le cas où, par suite du prédécès d'un légataire, ses enfants ou leurs survivants seraient appelés à recueillir le legs, c'est-à-dire, dans le cas d'une substitution vulgaire (*Sir.* XXXV, I, 914).

145. Mais la dispense de rapport serait-elle suffisamment *manifestée* par les précautions que le défunt aurait prises pour masquer les avantages, dont il aurait gratifié l'un de ses héritiers? A ce sujet, nous examinerons successivement si les donations déguisées par le moyen d'une interposition de personne ou sous la forme d'un contrat à titre onéreux, et les donations manuelles sont dispensées du rapport. Ces questions seront traitées au chapitre III.

SECTION IV.

Entre quelles personnes a lieu le rapport.

§ 1er.

Par qui est dû le rapport.

146. Le rapport est dû par celui qui cumule les qualités d'héritier et de donataire (843).

Ainsi, il faut d'abord être héritier. Il importe peu qu'il s'agisse d'héritiers appartenant soit à la ligne descendante soit à la ligne ascendante, soit enfin à la ligne collatérale. A la différence du droit romain, qui ne soumettait au rapport que les descendants ; à la différence également de nos coutumes, qui n'avaient pas de règle uniforme, notre droit ne distingue pas. Il oblige à rapporter tout héritier, même bénéficiaire (843). Ce qu'il décide pour l'héritier bénéficiaire n'exigeait pas une disposition expresse, puisque le bénéfice d'inventaire n'a d'effet que contre les créanciers (802), vis-à-vis desquels seulement l'héritier qui use de ce bénéfice n'est pas héritier. Ce qui aura conduit sans doute le législateur à s'expliquer explicitement, c'est que dans l'ancien droit, suivant Lebrun, *Traité des success. Liv.* III, *ch.* IV. n° 34), le rapport n'était pas imposé à l'héritier bénéficiaire, quand il délaissait les biens de la succession aux créanciers et légataires. Il est vrai que cette opinion de Lebrun semble n'avoir pas été partagée par les autres jurisconsultes coutumiers. Elle n'est pas celle de Pothier (*Traité des success*, *chap.* III *sect.* 3, § 8) ni de Ferrière (*cout. de Paris*, *art.* 304).

147. L'héritier collatéral lui-même est compris sous l'article 843. C'est en vain que, pour soutenir le contraire, on essaierait d'argumenter de l'article 918, qui évidemment emploie le mot rapport pour le mot réduction.

148. L'article 843 porte : « tout héritier, même bénéficiaire, *venant à la succession*, doit rapporter... » Il faut donc que l'héritier ait accepté la succession.

149 Mais il n'est pas nécessaire que l'héritier se soit trouvé appelé à la succession au moment où il a reçu une libéralité. L'art. 846, qui ne distingue pas l'époque de la libéralité, doit s'appliquer aux legs aussi bien qu'aux donations, quoiqu'il ne stipule que pour ces dernières. (1843) *Ubi eadem ratio est, ibi idem jus esse debet.*

150. Le droit romain reconnaissait des héritiers institués par testament et des héritiers *ab intestat*. Cette classification chez nous n'existe que dans les mots. Ceux que le Code Napoléon appelle des héritiers institués ne sont que des légataires (1002). Or, nous savons que le rapport n'est dû que par les héritiers. C'est donc à tort qu'on a pensé pouvoir établir une exception au principe dans le cas où le défunt aurait institué ses héritiers *ab intestat*, en attribuant à chacun la part qu'il tient de la loi: l'exception ne saurait être justifiée par la raison que « dans ce cas la vocation du défunt réunie à celle de la loi ne détruit pas le vœu de l'égalité qui fait le fondement de la nécessité du rapport s'il n'y en a pas de dispense. » (*Grenier Traité des donat.*, *T.* 2 n° 483).

151. Puisque c'est l'héritier acceptant qui est soumis au rapport (843), l'héritier renonçant doit en être affranchi. C'est ce que décide l'article 845, en autorisant le renonçant à conserver les dons ou à réclamer les legs qu'il a reçus, jusqu'à concurrence de la quotité disponible. Cet article bien évidemment ne se réfère qu'aux avancements d'hoirie ; il aurait été inutile relativement à une libéralité préciputaire qui offre les mêmes caractères que celle faite à un étranger (919). Des avancements d'hoirie, expressément déclarés tels par le donateur ne produiraient ni plus ni moins d'effet que dans le cas où l'intention de ce donateur est simplement présumée ; l'article 845 ne distingue pas.

152. De plus, l'héritier déclaré indigne n'est pas assujetti au rapport, puisqu'à partir de la déclaration d'indignité, il cesse d'être héritier.

153. De ce que tout héritier est soumis au rapport, on peut conclure que cette obligation atteint les parents naturels du défunt que la loi appelle à sa succession ; ils sont bien en effet héritiers. Plusieurs textes leur confèrent ce titre (art. 317, 724 à 730, et 841 *et passim.*) et à l'égard de l'obligation du rapport la rédaction de l'article 857 prouve bien qu'il leur est conféré.

On a contesté que cette classe d'héritiers fût soumise au rapport. On a dit qu'il ne s'agissait que d'une simple imputation pour l'enfant naturel, en se fondant sur l'art. 760. Cet article porte que « l'enfant naturel ou ses descendants « seront tenus d'imputer, sur ce qu'ils ont le « droit de prétendre, tout ce qu'ils ont reçu du « père ou de la mère dont la succession est ou- « verte, et qui serait sujet à rapport d'après les « règles établies par la section 2 du ch. 4 du ti- « tre des successions. »

Ce que l'on appelle ici imputation n'est pour nous qu'un véritable rapport ; mais ceux qui pensent autrement font ressortir des différences, qui ne sont pas seulement dans les mots. Si l'imputation, nous dit-on, devait se confondre avec le rapport, la part de l'enfant naturel se calculerait eu égard aux biens laissés par le défunt, y compris les libéralités qu'il aurait faites tant à son enfant naturel qu'à ses parents légitimes ; conséquemment, si le défunt avait laissé 110,000 francs, avec un enfant légitime non avantagé et un enfant naturel gratifié d'une donation de 10,000 fr., il faudrait réunir fictivement les deux sommes, et on obtiendrait ainsi une masse partageable de 120,000 fr. entre les deux enfants. Comme l'enfant naturel n'a droit qu'au tiers de ce qu'il aurait eu s'il avait été légitime, c'est-à-dire au tiers de 60,000 fr., soit 20,000 (757), il gagnera 10,000 fr. au partage. Mais ce mode de calcul est repoussé par ceux qui séparent l'imputation du rapport ; ils prétendent que l'imputation se règle eu égard seulement aux biens laissés par le défunt, et ils ne réunissent pas fictivement dans notre espèce, les 10,000 fr. donnés à l'enfant naturel, aux 110,000 fr. qui se trouvent dans la succession, en sorte que le tiers d'une part d'enfant légitime, qui est la part de l'enfant naturel, étant ici de 18,333 fr. 33 c., ce ne sera plus que 8,333 fr. 33 c., au lieu de 10,000 fr. que gagnera celui-ci ; car il aura dû imputer ce qu'il a reçu par anticipation sur sa part dans la succession.

Une autre différence résulterait du système, que nous n'admettons pas, entre le rapport et l'imputation, c'est quant à la manière dont se fait l'un ou l'autre. Nous verrons plus loin que le rapport se fait en nature ou en moins prenant. Or, quand il s'agit d'une donation d'immeuble, et que le rapport s'en fait en moins prenant, il n'a lieu que sur le pied de la valeur de l'immeuble à l'ouverture de la succession ; tandis que dans le système de nos adversaires, l'imputation d'un immeuble donné se ferait toujours en moins prenant, et sur le pied de la valeur de l'immeuble au jour de la donation, attendu que ce qu'il faut imputer à l'enfant naturel, devant être ce qu'il a reçu, peu importerait que l'immeuble eût éprouvé des variations de valeur.

C'est du mot *imputer* de l'art. 760 qu'on a déduit une théorie toute particulière aux enfants naturels, l'imputation. Cette théorie semble se justifier assez bien, quand on se borne à lire l'art. 760. Mais elle est réfutée par la comparaison de cet article avec l'art. 908. Celui-ci défend à l'enfant naturel de rien recevoir au-delà de la fraction qui lui est accordée par la loi ; il était donc conséquent que le donataire imputât sur ce qu'il a le droit de prétendre, c'est-à-dire sur cette fraction, tout ce qu'il aurait reçu du *de cujus* ; c'est ce que décide l'art. 760, qui ainsi est comme la sanction de l'art. 908.

L'explication que nous donnons est confirmée par l'un de nos adversaires même, par Chabot (de l'Allier), dans son rapport au tribunat : « L'art. 760, dit-il, est une garantie que les enfants naturels n'auront pas plus que la loi ne permet de leur donner. »

Il échappe à cet auteur dans son commentaire sur les successions (sous l'art. 760), un aveu qui est vraiment la condamnation de son système : « Je ne vois pas pourquoi, dit-il, le « législateur a soumis l'enfant naturel à l'imputation, plutôt qu'au rapport. Il y a *injustice* « et *incohérence*, en ce que par ce mode de restitution, l'enfant naturel se trouve avoir moins « que ce qui lui a été expressément attribué « par l'art. 757. » Ainsi, de l'aveu même de son partisan, le système de l'imputation viole l'art. 757. En effet, il ne donne pas, ainsi que le veut cet article, à l'enfant naturel le tiers de ce que celui-ci aurait eu s'il eût été légitime. Qu'on se réfère à l'exemple ci-dessus, on s'en convaincra.

Notre système, au contraire, se conforme à l'art. 757. Ce n'est pas tout. Le mode précité suivant lequel se fait l'imputation, d'après nos adversaires, montre à un nouveau point de vue, que l'enfant naturel aurait tantôt plus, tantôt moins que le tiers de la portion à laquelle il aurait droit s'il eût été légitime, que parfois même, il serait mieux traité que s'il eût été légitime. Or, tout ceci serait encore la violation de l'art. 757.

Ainsi, reconnaissons que les principes du rapport s'appliquent à l'enfant naturel aussi bien qu'à tout autre héritier, conséquemment que l'enfant naturel donataire est tenu de faire le rapport à ses cohéritiers, et n'admettons d'autres exceptions aux principes qui régissent la parenté légitime que ceux résultant de la portée de l'art. 908. Ainsi, décidons que les libéralités faites à un enfant naturel sont toujours imputables sur sa part légalement restreinte ; donc qu'elles ne peuvent être dispensées du rapport (843). Décidons également que cet enfant ne peut invoquer le bénéfice des art. 847 et 849.

154. — La règle que le rapport est dû par celui qui cumule les qualités d'héritier de donataire (343) ne saurait entraver le jeu de la représentation. Aussi, l'héritier qui vient par représentation devra rapporter le don fait au représenté (848). « Cette décision a lieu, dit Pothier,

« (*Traité des succ., ch.4, art.2, §4*), quand même « ils (les représentants) n'auraient pas profité « de ce qui a été donné à leur père ou mère « qu'ils représentent, et qu'ils auraient renoncé « à la succession; car, comme ce n'est pas de « leur chef qu'ils doivent ce rapport, mais du « chef de leur père ou mère qu'ils représentent, « il est indifférent qu'ils en aient profité ou « non. » A l'inverse, nous pensons que le rapport n'est pas dû par l'héritier des libéralités faites à des personnes qu'il ne représente pas dans la succession, quelque avantage qu'il en ait retiré. (Arg. 847 et 849).

155. — De ces propositions nous tirons les conséquences suivantes :

1° C'est que, quand la succession se partage entre les deux lignes paternelle et maternelle, et que parmi les successibles appartenant à l'une de ces lignes, il en est qui renoncent à la succession, les autres héritiers de cette ligne ne sont pas, malgré l'avantage que leur procure cette renonciation, obligés de rapporter les dons ou legs faits aux renonçants (845, 847, 848 et 849).

2° C'est que le père n'est pas tenu du rapport des dons faits à son fils, lors même qu'il aurait retrouvé dans la succession de ce dernier les choses formant l'objet de ces dons (847).

3° C'est que le fils, à l'inverse, venant de son chef à la sucession du donateur, n'est pas obligé de rapporter le don fait à son père, quoiqu'il ait accepté l'hérédité de ce dernier, et recueilli l'objet donné dans cette succession (848).

4° C'est que l'époux héritier n'est pas tenu de rapporter le don fait à son conjoint, lors même qu'il retirerait de ce don un certain avantage, par exemple, en raison du régime sous lequel le mariage a été contracté ; de même qu'à l'inverse, il est tenu de rapporter en totalité le don qui lui a été fait, bien que, par suite de circonstances analogues à celle dont il vient d'être parlé, il n'en ait pas profité, ou n'en ait profité que partiellement.

5° C'est que la disposition faite au profit des deux époux conjointement est rapportable pour moitié par le conjoint acceptant (849).

156. De cette règle que l'héritier est tenu de rapporter le don qu'il a reçu personnellement ou que celui qu'il représente a reçu, devons-nous conclure que l'héritier qui vient par représentation est soumis au rapport, quand il est en même temps donataire du *de cujus*? Suivant Pothier (*Traité des Succ., ch. 4, art. 2, § 4*) « des « représentants ne peuvent avoir *plus de droits* « dans une succession que la personne qu'ils « représentent, et du chef de laquelle ils vien- « nent. » Or, ce qui est vrai des droits des représentants doit être également vrai de leurs obligations, à cause de la corrélation des uns et des autres. Or, si le représenté avait pu venir lui-même à la succession, il n'aurait pas rap-

porté le don fait au représentant, ainsi que nous l'avons établi plus haut. Pourquoi dès lors le représentant serait-il astreint à une obligation qui n'aurait pas incombé au représenté? Cependant, sur notre question l'affirmative est généralement adoptée par la doctrine et par la jurisprudence.

Malgré cette entente imposante, nous inclinons, pour la négative. L'argument, que nous avons tiré du passage précité de Pothier, nous paraît emprunter une grande force à la définition même que notre Code, sous l'article 739 donne de la représentation. C'est, dit-il, « une « fiction de la loi, dont l'effet est de faire entrer « les représentants dans la place, dans le degré « et *dans les droits* (qu'aurait eus la personne) du « représenté. » Cette définition de la représentation est bien un reflet des idées, toujours si lumineuses, de l'illustre commentateur de la coutume d'Orléans. L'objection des partisans du système que nous combattons peut être encadrée dans le syllogisme suivant: celui qui vient par représentation est héritier, or *tout* héritier (843) doit le rapport, donc celui qui vient par représentation doit le rapport. Ce syllogisme ne pourrait-il pas être critiqué aussi bien que celui-ci : l'héritier est tenu des dettes du *de cujus*; or celui qui invoque le bénéfice d'inventaire est héritier ; donc il est tenu des dettes du *de cujus?* En effet, celui qui vient par représentation, quoiqu'il soit bien héritier et qu'il ne vienne par représentation que parce qu'il a cette qualité, n'est pas un héritier ordinaire, pas plus que l'héritier bénéficiaire. Sa qualité d'héritier produit seulement et uniquement les effets de la qualité d'héritier qu'aurait eue celui qu'il a représenté, si le représenté avait survécu au *de cujus*.

D'ailleurs, notre système est le plus conforme à l'équité. Est-ce que, si le représenté avait survécu au *de cujus*, il aurait rapporté le don fait au représentant? Or, faut-il que son prédécès profite aux autres héritiers du *de cujus*? On a dit que c'était notre système qui blessait l'équité, parce que tel cas pouvait se présenter où un aïeul par exemple aurait fait un don à son petit fils né d'un père, fils unique de cet aïeul, au moment de la donation, et que l'aïeul depuis aurait un autre fils dont la présence l'aurait certainement empêché d'avantager son petit fils. Dans ce cas évidemment l'objection est fondée; mais ne s'agit-il pas d'un cas qui se produirait une fois peut-être sur mille? Au contraire, la situation inique que nous avons envisagée ne se produirait-elle pas *toujours?* L'équité est donc bien plutôt de notre côté.

157. Quand le successible donataire meurt après l'ouverture de la succession du donateur, mais avant d'avoir pris aucun parti, en vertu de l'article 781, il transmet ses droits, et notam-

ment le droit de prendre parti sur la succession du donateur à ses propres héritiers. Si ceux-ci acceptent, ils s'obligent alors à rapporter le don fait à leur auteur, mais il est bien certain qu'ils ne sont pas tenus de rapporter le don qui leur a été fait par celui dont leur auteur était le successible; car ils ne sont pas ses héritiers; ils n'exercent sur la succession que des droits héréditaires qui leur ont été transmis.

§ 2.

A qui est dû le rapport.

158. Suivant l'article 843, « *tout héritier*, « même bénéficiaire, venant à une succession, « doit rapporter à *ses co-héritiers* tout ce qu'il a « reçu du défunt, suivant l'article 857, le rap- « port n'est dû que par le co-héritier à son co- « héritier. » Il résulte de ces articles qu'on peut appliquer à la détermination de ceux auxquels le rapport est dû ce que nous avons exposé plus haut à l'égard des personnes qui sont tenues de rapporter.

159.— Conséquemment le droit de demander le rapport appartiendra à tout héritier, même bénéficiaire, sans égard pour sa ligne successorale, du moment où la qualité d'héritier aura été consolidée par une acceptation; ce qu'il faut étendre aux parents naturels.

160. Mais le droit au rapport est refusé au

successible renonçant ou déclaré indigne, attendu que ce successible n'est pas héritier.

161. C'est pour la même raison qu'il faut décider de même relativement à l'héritier institué, qui n'est qu'un véritable légataire, et non point un héritier dans le sens des articles 843 et 857.

162. Nous avons signalé plus haut que le rapport au point de vue passif s'exerçait individuellement, et que cette remarque avait son utilité pratique, dans le cas d'un partage entre les lignes paternelle et maternelle. Ce principe d'individualisation du rapport existant au point de vue passif, doit exister également au point de vue actif; donc, les héritiers d'une ligne peuvent réclamer le rapport, *singuli a singulis* des héritiers de l'autre ligne. Ce que nous appliquons au cas d'un partage par ligne, appliquons-le également au cas d'un partage par souche ou par branche (743). La raison de décider est la même, puisque autrement, soit qu'il s'agisse de ligne, soit qu'il s'agisse de souche et de branche, « la témérité d'un héritier insolvable, qui a accepté, au lieu de s'en tenir à la donation entre-vifs, qui lui avait été faite, ou sa collusion avec ceux de la ligne, de la souche ou de la branche opposée, deviendrait funeste, ainsi que l'enseigne très justement M. Duranton (*Cours de dr. fr.* T. VII, n° 160)

« à ceux de la ligne, de la souche ou de la bran-
« che à laquelle il appartient. »

163. Nous avons eu occasion de prouver que les règles du rapport tant pour les héritiers naturels que pour les héritiers légitimes, sont identiques. Cette identité nous amène à conclure que l'enfant naturel est autorisé à réclamer des héritiers avec lesquels il se trouve en concours, le rapport des avantages qui leur ont été faits, soit que les héritiers soient légitimes, soit qu'ils soient naturels. L'article 857, parce qu'il n'établit le rapport qu'entre héritiers, n'empêche pas notre conclusion, attendu que sous ce nom d'héritiers, la loi elle-même, ainsi que nous l'avons fait observer déjà, comprend souvent les successeurs irréguliers, et que cette assimilation apparaît même sous l'article précité, dont le véritable sens est révélé par la seconde disposition, qui ne mentionne pas les enfants naturels, et ne parle que des créanciers héréditaires et des légataires, pour les opposer aux héritiers.

164. Du principe que le rapport n'est dû qu'aux héritiers, il suit que ni les créanciers du défunt ni ses donataires ou légataires étrangers ne peuvent demander le rapport, ni même en profiter lorsque, à la requête de ceux qui ont le droit de le demander, il a déjà été effectué. Si le rapport n'est dû qu'aux héritiers, c'est que leur intérêt seul a préoccupé le législateur, c'est qu'il a été dominé par le désir unique de main-

tenir l'égalité entre eux dans les partages héréditaires. Il semblait donc inutile de dire expressément, comme le fait l'art. 857, que le rapport n'est pas dû aux créanciers de la succession. Cependant on aurait pu objecter à l'égard du rapport, comme le fit le premier consul, à l'égard de la réserve, lors de la discussion au conseil d'État, qu'il semble juste de rendre les biens rapportés passibles des dettes du défunt, précisément parce qu'ils sont rapportés. Aussi, une disposition expresse, comme celle de l'article 857, n'était pas sans utilité, quoiqu'il soit vrai d'admettre, ainsi que le remarqua Cambacérès répondant au premier consul, que les créanciers du débiteur n'ont aucun droit à exercer sur les biens donnés, attendu que ces biens ont été mis hors des mains de leur débiteur. (*Fenet. t. XII, p.* 337).

La théorie exposée par le premier consul était d'ailleurs contraire au droit romain, ainsi que Voët nous l'atteste (*Pand. de coll. n°* 26), et aussi au droit des coutumes. En effet, nous dit Pothier, à propos de l'héritier bénéficiaire : « il est à la vérité sujet à la loi du rapport, mais envers ses « co-héritiers seulement ; ce n'est qu'envers eux « que les coutumes l'y obligent pour maintenir « l'égalité entre les enfants ; mais, il n'y est point « obligé envers les créanciers *qui n'ont de droit* « *que sur les biens de la succession, dont les choses* « *données entre-vifs ne font point partie*, puisque le

« donateur s'en est dessaisi de son vivant. » Pothier décide ainsi aussi bien quand il s'agit d'un rapport effectué par l'héritier que dans le cas d'un rapport dont il profite seulement, parce qu'il n'était pas donataire (*Pothier. Traité des success., t. VIII ch. III, sect. III, § VI*).

165. —Quand il refuse le rapport aux créanciers du défunt, Pothier suppose une succession acceptée sous bénéfice d'inventaire. Il reconnaît que, par suite d'une acceptation pure et simple, les créanciers héréditaires deviennent créanciers personnels de l'héritier, et qu'ils peuvent, comme ceux-ci, exiger le rapport qui serait dû à leur débiteur (*Pothier, introd. au titre des success.* § 3, *n°* 89).

La décision de Pothier est également celle de notre droit. En effet, ce droit de demander le rapport fait partie du droit héréditaire de celui auquel le rapport est dû. Or, l'article 788 prouve clairement que le droit héréditaire n'est pas du nombre de ceux qui doivent être considérés comme exclusivement attachés à la personne, dans le sens de l'article 1166.

166. L'art. 857 ne s'occupe que des créanciers du défunt. Conséquemment, le rapport demeure dû à ceux de l'héritier ; et ces derniers sont admis à exercer, au nom de leur débiteur, le droit qui lui compète à cet égard, soit qu'il ait accepté la succession purement et simplement, ou sous bénéfice d'inventaire, soit qu'il y ait renoncé,

pourvu que dans ce dernier cas, ils aient fait annuler sa renonciation, conformément à l'article 788.

167. Ce n'est pas seulement lorsque la succession a été acceptée bénéficiairement que la règle de l'art. 857, relativement aux créanciers du défunt, leur est applicable; c'est encore, lorsque placés en présence d'une acceptation pure et simple, ils ont demandé, en leur propre nom, la séparation du patrimoine du défunt d'avec celui de l'héritier (878). Les créanciers qui invoquent cette faveur agissent en qualité de créanciers *du défunt*; c'est en cette qualité qu'ils ont le droit d'être payés sur les biens héréditaires, par préférence aux créanciers de l'héritier.

168. Quand il est dû aux créanciers du défunt parce qu'ils sont devenus les créanciers personnels de l'héritier, et n'ont pas demandé la séparation des patrimoines, le rapport ne peut s'appliquer qu'aux donations. Car, à l'égard des legs, les héritiers qui les ont reçus ne peuvent les conserver, au préjudice des créanciers, que l'article 809 fait toujours passer avant les légataires.

169. Si le rapport ne peut profiter aux créanciers du défunt, il ne peut aussi leur nuire. Ainsi, supposons que le *de cujus* laissant deux héritiers, ait donné à l'un d'eux par avancement d'hoirie une somme égale à celle qui se trouve constituer toute la succession. Dans ce cas,

l'héritier donataire est tenu d'un rapport en moins prenant. Son cohéritier pourra-t-il dire aux créanciers du défunt, dont la créance serait égale aux valeurs héréditaires, que si les dettes se partagent entre les héritiers, les biens se partagent aussi, que l'héritier donataire ayant été rempli de sa part par anticipation, toutes les valeurs héréditaires lui restent, et qu'il n'est tenu des dettes que pour moitié; s'il en était ainsi, l'insolvabilité du donataire priverait les créanciers du droit de se payer sur toutes les valeurs héréditaires. Or, c'est ce qui serait inadmissible (*M. Bugnet sur Pothier*; *oblig.* n° 310, *M. Dur.* 111, n° 270).

170. Ce n'est pas seulement aux créanciers du défunt que le rapport n'est pas dû. Suivant l'art. 857, c'est aussi aux légataires, quels qu'ils soient, universels comme particuliers, puisque cet article ne distingue pas. Il ne distingue pas davantage les héritiers légataires par préciput des étrangers légataires. C'est, en effet, un principe incontestable que les diverses qualités que revêt une même personne restent séparées, et que cette personne, à raison de chacune de ces qualités, est soumise aux règles qui lui sont propres.

171. — C'est seulement au respect des héritiers que les donations faites par le *de cujus*, sont réputées n'être jamais sorties de son patrimoine (857); donc les légataires universels

ne sauraient être autorisés à les considérer comme faisant encore partie de ce patrimoine, pour calculer le montant du legs qu'ils auraient reçu de la quotité disponible. Mais cette règle fléchirait devant la volonté contraire du *de cujus*, expressément ou tacitement manifestée. La manifestation tacite de cette volonté contraire peut donner lieu à des nuances si délicates, que leur appréciation dans la pratique, ne serait pas sans difficultés.

172. — Quand l'article 857 dit que le rapport n'est pas dû aux légataires, il entend que ceux-ci n'ont le droit ni de le demander ni d'en profiter (922). Mais la règle de cet article ne saurait avoir une portée indéfinie. Nous allons examiner quelques cas auxquels nous pensons qu'elle ne s'applique pas.

173. — Ainsi, on sait que les héritiers, qui ont droit à une réserve peuvent, aux termes de l'article 922, demander la réduction des libéralités faites par le défunt, au-delà de la quotité disponible, qu'alors, pour la fixation de cette quotité, il se fait une réunion fictive à la masse héréditaire de tous les biens donnés, même de ceux donnés par avancement d'hoirie aux héritiers réservataires, puisque l'article 922 ne distingue pas; or, cette réunion pourrait être avantageuse au légataire de la quotité disponible ou d'une fraction de cette quotité, lorsqu'elle porte sur les biens donnés par avan-

cement d'hoirie. Ces biens, en effet, doivent s'imputer *d'abord* sur la réserve due à ceux qui les ont reçus; l'article 919 le prouve bien, en indiquant implicitement que leur imputation exclusive sur la quotité disponible n'a lieu que si le donateur les a exemptés du rapport. Mais la réunion effectuée en pareil cas, ne constituerait nullement un rapport, dont profiterait le légataire. Il faudrait, pour cela, que celui-ci eût des droits sur les biens réunis à la masse héréditaire, et il en a si peu, que c'est uniquement sur cette masse qu'il peut être rempli de son legs.

174. — Nous citerons un autre cas où la règle de l'article 857 ne s'appliquerait pas, c'est quand les héritiers réservataires ne demandent pas de réduction, et qu'un légataire, comme celui que nous venons de supposer, réclame la réunion fictive dont parle l'article 922, ainsi qu'il en a le droit, selon nous du moins, dont l'opinion s'accorde avec celle de la généralité des auteurs, et la décision de plusieurs cours, notamment de la cour suprême, dans son remarquable arrêt du 8 juin 1826. Dans ce cas il faut raisonner comme dans celui où il ne s'agit pas pour le légataire, de demander la réunion fictive, mais d'en profiter. Assurément la demande que fait le légataire lui profite; mais ce n'est pas une demande de rapport.

175. Remarquons que la réunion fictive des

libéralités sorties, du patrimoine du défunt aux biens existants lors de son décès n'a d'effet à l'égard d'un légataire, que quand elle sert à établir la consistance de son legs comme dans le cas où il est question d'un legs de la quotité disponible ou d'une portion de cette quotité, ce que nous avons supposé plus haut. Autrement, la réunion fictive est sans effet à l'égard des légataires. Ainsi quand un testateur a dit : je lègue le quart de mes biens, il doit être présumé, à moins de manifestation expresse ou tacite de sa volonté contraire, avoir entendu que ce legs s'acquitterait uniquement sur les biens qui se trouveraient dans son patrimoine à son décès.

176. Aux deux cas que nous avons représentés comme en dehors de la règle posée par l'article 857, nous en joindrons un troisième, c'est le cas où l'héritier, qui serait aussi légataire, prétendrait être payé de son legs par préférence à ses co-légataires étrangers, en se fondant sur ce que le rapport ne peut pas lui être demandé par ceux-ci, cette prétention devrait être écartée ; car tous les legs sans distinction doivent, aux termes de l'article 926, être exécutés concurremment, à moins de volonté contraire exprimée par le testateur (*M. Demante, t. III, Ed.* 1855, *n°* 192 *bis*, 111.) (947).

177. Enfin reconnaissons que celui au profit duquel existe une institution contractuelle, et qui a le droit (1089) d'attaquer les libéralités

excessives émanant du donateur postérieurement à l'institution, ne pourrait être considéré comme demandant un rapport, partant comme violant l'article 857. En effet, le droit qu'il exerce, il pourrait l'exercer contre des étrangers.

CHAPITRE III.

DE QUOI EST DU LE RAPPORT.

SECTION I.

Quels dons sont assujettis au rapport ?

178. Les avantages sujets au rapport sont tous ceux que le défunt *de cujus* n'en a pas dispensés, soit par une manifestation de sa volonté, soit par une présomption de la loi, dont le fondement est tantôt la nature même de l'avantage, tantôt la difficulté de reconnaître s'il s'adresse bien réellement à l'héritier du *de cujus*, comme dans le cas des articles 847 et 849.

179. En dehors d'une dispense, tout avantage est donc sujet au rapport ; l'article 843 le décide ainsi, par sa combinaison avec les articles suivants. Sa disposition comprend expressément les legs universels ou particuliers, puisqu'il ne distingue pas, ainsi que toutes donations, directes ou indirectes. Donner directement, c'est dans un sens général, donner en suivant la forme des donations entre-vifs ; conséquemment, la

donation indirecte est celle qui a lieu de tout autre manière (*M. Demante, III, n° 187 bis.*).

180. — Parmi les donations directes auxquelles s'applique l'art. 843, il faut noter celles faites par contrat de mariage, celles qui sont dites rémunératoires ou qui ont lieu sous certaines charges.

Notre décision touchant les premières nous paraît incontestable malgré l'art. 1090, dont on ne pourrait raisonnablement tirer un argument *à contrario* pour les dispenser du rapport ; ce qui prouve bien d'ailleurs qu'elles sont traitées comme les autres, c'est la disposition toute favorable de l'art. 1573, qui autorise la femme, sous certaines conditions, à ne rapporter à la succession de son père que l'action qu'elle a contre son mari, pour se faire rembourser de la dot qui lui a été constituée. En dehors de ces conditions, c'est donc bien sa dot, qui est une donation par contrat de mariage, qu'elle doit rapporter.

181.—Touchant les libéralités rémunératoires, ou sous certaines charges, les anciens auteurs étaient partagés. Vinnius, ainsi que nous l'avons vu, déclarait les libéralités rémunératoires exemptes de rapport d'une manière absolue. Lebrun voulait, pour que la dispense eût lieu, que les services fussent constants, et non prescrits par la nature ou par le devoir. (*Traité des succ. L. III, ch. VI. sect. III, n.* 2, 3.

4.). Mais d'autres, et notamment Charondas, Duplessis et Auzanet, prétendaient que les services, échappant presque toujours à une constatation sérieuse et pouvant être le sujet de beaucoup de fraudes, prétendaient, à l'égard des libéralités rémunératoires comme à l'égard de celles faites sous certaines charges, qu'elles devaient être rapportées, sauf indemnité au donataire pour les services réels appréciables en argent et les charges supportées. Cette dernière opinion semble avoir prévalu dans l'ancienne jurisprudence (*Chabot, art.* 843, *n°* 13.). Elle semble aussi celle que le Code a adoptée, puisqu'il ne dispense pas formellement du rapport les libéralités que nous examinons; que même, sous l'art. 960, il les déclare comme les autres, révocables pour cause de survenance d'enfant, et qu'enfin il a pu vouloir, tant qu'il n'a pas exprimé d'intention contraire, ne faire profiter le donataire que des fruits de la chose, quand elle a été donnée entre-vifs.

182. Les donations indirectes dans le sens de l'art. 843, sont très nombreuses, et leur énumération offre des difficultés. Faut-il d'abord y comprendre la donation déguisée au moyen d'une interposition de personne? Pothier la considérait bien comme une donation indirecte, et il la déclarait sujette à rapport. (*Traité des succ. Ch,* 4,, *art.* 2, § 2, *et introd. aux cont. succ. art.* 3, § 1, *n.* 77.).

Dans le droit actuel, notre question semble devoir être résolue par une distinction entre les personnes interposées qui seraient le fils ou le conjoint du donataire véritable et les autres personnes.

183. — En ce qui touche le fils ou le conjoint du donataire véritable, la solution de la question se rattache à l'interprétation des art. 847 et 849, sur laquelle on est loin de s'accorder. Suivant Merlin (*Quest.*, v° *Donat.*, § 5, *n.* 3), l'unique objet des articles précités, serait de dispenser l'héritier du rapport de la donation faite au donataire apparent, lorsque cet héritier n'en a pas profité ou qu'il n'en a retiré qu'un avantage qui n'eût pas été rapporté d'après les règles du droit commun, s'il avait été fait directement en sa faveur.

Merlin semble donc admettre l'affirmative sur notre question. Delvincourt (*t. II, p.* 121) nous paraît être du même avis; car, s'il étend la dispense de rapport au cas où l'avantage aurait été rapporté, d'après les règles du droit commun, il soutient qu'elle n'a plus lieu, quand le donataire apparent n'est qu'une personne interposée, chargée de remettre la donation à l'héritier.

M. Duranton (*t. VII*, 317 *et suiv.*) va plus loin que Delvincourt; il admet que l'héritier n'est jamais tenu au rapport dans le cas des art. 847 et 849, parce que la donation serait présumée par la loi faite en réalité au profit du donataire apparent, et qu'aucune preuve contraire ne pourrait être admise contre cette présomption.

Cette opinion de M. Duranton, que la loi exclut formellement l'idée d'une interposition de personne, à l'égard du rapport, conduit cet auteur à décider que la donation faite par personne interposée n'est pas sujette au rapport, parce que cette interposition serait légalement impossible, quand il s'agit de rapporter. D'autres soutiennent que cette interposition pourra être recherchée, et, qu'une fois établie, elle n'empêchera pas que l'héritier ne soit tenu de rapporter, conformément à l'art. 843, la donation qu'il aura reçue par l'intermédiaire du donataire apparent. Aussi quant aux articles 847 et 849, les partisans de cette opinion pensent qu'ils sont étrangers à la question que nous avons soulevée; que leur but unique a été d'abroger la présomption *légale* d'interposition de personnes, qui, dans les coutumes dites d'égalité, comme les coutumes de Paris et d'Orléans, où les libéralités par préciput étaient prohibées, était un moyen d'empêcher qu'un héritier n'obtînt un préciput par l'intermédiaire de ses enfants ou de son conjoint; qu'une disposition spéciale pour abroger cette ancienne théorie se comprend si bien, que si elle eût été maintenue, elle aurait paru un non-sens sous l'empire de notre Code qui, permettant les libéralités préciputaires par la voie directe, n'avait pas besoin de permettre qu'elles pussent être faites indirectement.

Cette ingénieuse interprétation donnée aux articles 847 et 849, nous semble mal s'accorder avec le texte de ces articles. Disent-ils que les libéralités faites au fils ou au conjoint de l'héritier *ne sont pas réputées faites à ce dernier*, ce qui justifierait péremptoirement la raison tirée de notre ancien droit; disent-ils cela? nullement. Ils disent que ces libéralités *sont réputées faites avec dispense du rapport*; ce qui semble implicitement reconnaître que le véritable donataire est non pas le donataire apparent, mais l'héritier; ce qui, en d'autres termes, semble montrer que le Code ressuscite la présomtion légale d'interposition de personnes, là où l'on prétend qu'il la fait cesser.

Aussi, n'est-il pas étonnant que dans un cinquième système, on fasse dériver cette interposition légale des articles 847 et 849. Dans ce système, on prétend en même temps que « le « fait, par le défunt, d'avoir pris un détour « pour faire arriver les biens à son héritier, est « une manifestation suffisante de l'intention « qu'il avait de soustraire cet héritier au rap- « port des biens donnés (*Marcadé, t. 3, sur les « art. 847 et 849*). » Il s'agirait donc dans les articles 847 et 849, *d'une dispense tacite* de rapport.

Reste un dernier système, suivant lequel ces articles contiennent une *dispense légale* de rapport. « C'est, dit M. Demante sur l'article 847 « (*III*, 183 *bis*), à l'effet seulement de prévenir « *toute contestation sur la question d'interposition* « du fils donataire pour le successible son père, « que la loi prononce en faveur de ce dernier « la dispense de rapport. Cette dispense, en effet, « ôte tout intérêt à la question, qui tombera « toujours devant ce dilemme : Ou c'est le fils « qui est réellement donataire, et dès lors le « père héritier, n'ayant rien reçu directement « ou indirectement, ne doit pas le rapport; ou « c'est le père héritier, qui est effectivement « donataire dans la personne de son fils, et dans « ce cas encore, il ne doit point le rapport, puis- « que la loi l'en dispense. »

Plus loin, sur l'article 849, l'auteur (III, 185 *bis*) ajoute : « Le conjoint ne rapporte pas ce qui « a été donné à son conjoint. En effet, quand on « devrait le considérer comme étant lui-même « donataire par son époux, le don lui serait ré- « puté fait avec dispense de rapport. » C'est donc toujours la même explication.

C'est au système de M. Demante que nous nous rangeons, parce qu'il nous paraît très vraisemblable, parce que, loin de forcer le texte des articles 847 et 849, il s'y prête parfaitement, parce que enfin, il est celui que les rédacteurs du Code ont bien entendu consacrer.

Nous disons que ce système a bien été celui des rédacteurs du Code. Il nous suffira de citer la discussion qui eut lieu au conseil d'Etat, le 21 nivôse an II, sur l'article 849. L'article présenté d'abord par la section de législation était ainsi conçu : « Les dons et legs faits au conjoint « d'un époux successible *ne sont pas rapporta-* « *bles.* » M. Tronchet objecta que cet article pouvait donner lieu à des fraudes, que le père, qui voudrait avantager un enfant, au préjudice des autres, pouvait, si cet enfant était marié et en communauté, donner à l'autre conjoint, et l'enfant préféré prendrait ensuite la moitié du don à titre de partage de communauté, que le projet du Code proposait une règle meilleure...

M. Treilhard répondit que la section avait cru cette règle inutile, attendu que le père n'a pas besoin de masquer l'avantage qu'il veut faire au conjoint successible, puisqu'il peut ouvertement le dispenser du rapport.

M. Tronchet dit qu'alors *la section établit la présomption qu'il y a eu dispense du rapport, mais qu'il vaut mieux l'exprimer.*

L'article est adopté avec l'amendement de M. Tronchet. (*Fenet, t. XII, p.* 66, *et Chabot, t.* 3, *sur* 849.)

Treilhard est encore plus explicite dans son exposé des motifs du projet de loi, de notre titre des successions, qu'il fut chargé de présenter au corps législatif. « De nombreuses difficultés, « dit-il, s'élevaient autrefois sur les questions, « si un fils devait rapporter ce qui avait été don- « né à son père, un père ce qui avait été donné à « son fils, un époux ce qui avait été donné à « l'autre époux ; mais *la source de toutes ces con-* « *testations* est heureusement tarie. *Les donations* « *qui n'auront pas été faites à la personne même de* « *l'héritier, seront toujours réputées faites par pré-* « *ciput, à moins que le donateur n'ait exprimé une* « *volonté contraire.* » (*Fenet, t. XII, p.* 157.)

184. — Le système que nous suivons sur le sens des articles 847 et 849, ne s'applique pas seulement aux donations entre vifs ; il s'applique aussi aux legs ; car ces articles se réfèrent expressément aux unes comme aux autres.

185. — D'autre part, il n'aurait pas d'objet si la donation par interposition de personne, cachait une substitution prohibée, car alors la donation serait nulle.

186. — En ce qui touche la donation déguisée par interposition de personnes, autres que le fils ou le conjoint du donataire véritable, et en supposant encore que le déguisement ne voile pas une substitution prohibée, notre décision est celle que nous allons donner sur la question de savoir si la donation déguisée sous la forme d'un contrat, à titre onéreux, est sujette au rapport. Il n'y aurait pas question, si

cette donation était rangée par tout le monde, dans la classe des donations indirectes, que prévoit l'article 843. Mais beaucoup de bons esprits l'en excluent, et partant, la tiennent pour dispensée *tacitement* du rapport.

187. Cette question, bien entendu, suppose résolue affirmativement la question encore débattue de la validité de cette donation ; autrement le rapport d'un bien, qui légalement ne serait pas sorti du patrimoine du défunt, n'aurait pas d'objet. Or, pour notre part, nous admettons avec la majorité de la doctrine et de la jurisprudence, que la donation déguisée comme nous la supposons, est parfaitement valable. Sans recourir à l'article 918, il nous suffit, pour accepter la solution généralement reçue, des articles 911 et 1099 qui, annulant la donation déguisée dans certains cas particuliers, supposent par *a contrario*, qu'en dehors de ces hypothèses exceptionnelles, elle est valable.

188. Ceci posé, examinons si cette donation est sujette au rapport. Nous remarquerons d'abord qu'elle y était sujette dans l'ancien droit, précisément parcequ'elle était considérée comme un avantage indirect. « Les avantages « même indirects, dit Pothier (*Introd. aux cout.* « *succ.*, *art.* 3, § 1, *n°* 77), sont sujets à rapport : « telles sont les donations que le défunt aurait « faites à l'un de ses enfants par l'interposition « d'une tierce personne *ou celles qui auraient été*

« *déguisées sous l'apparence d'un autre contrat.* » La doctrine de Pothier a-t-elle été reproduite dans notre code? Nous le croyons. S'il en était autrement, les rédacteurs de l'article 843, qui connaissaient sans aucun doute cette doctrine de leur guide ordinaire, n'auraient pas, sans exception expresse, assujetti au rapport les donations indirectes. Or, cette exception expresse n'existe nulle part; on ne peut nous opposer que des inductions. C'est par ce moyen que l'on croit échapper à la disposition absolue de l'article 843. On nous dit que la loi elle-même distingue les donations déguisées des donations indirectes, et l'on cite le cas particulier de l'article 1099, lequel entre époux validerait les donations indirectes et déclarerait nulles les donations déguisées. Nous répondrons que cette prétendue distinction établie par l'article 1099 n'est rien moins que prouvée. Il est en effet des auteurs (*Grenier* 11, 512), qui soutiennent que le second paragraphe de cet article n'est que l'explication du mot indirectement, employé dans le premier paragraphe. D'ailleurs, cette distinction même étant admise, est-ce que dès là qu'elle n'est expressément énoncée que pour un cas *étranger* à notre question, il faut en conclure qu'elle doit s'appliquer à tous les autres cas, et notamment au cas que prévoit notre question?

Le code ne s'est pas borné à comprendre dans la règle absolue de l'article 843 les donations déguisées sous la forme d'un contrat à titre onéreux. On serait tenté de croire que les articles 853 et 854 n'ont d'autre objet que d'assujettir *spécialement* au rapport ces donations ainsi déguisées. En effet, ils déclarent qu'il n'est pas dû de rapport pour les « profits que l'héritier a pu retirer de conventions passées avec « le défunt, si ces conventions ne présentaient « aucun avantage indirect lorsqu'elles ont été « faites » ni pour les « associations faites sans « fraude entre le défunt et l'un de ses héritiers, « lorsque les conditions en ont été réglées par « un acte authentique. » Donc, dans l'hypothèse contraire à celle de ces articles, le rapport a lieu des profits résultant des conventions auxquelles ils se réfèrent. Or, ces conventions ne sont et ne sauraient être rien autre chose que des donations déguisées sous la forme d'un contrat à titre onéreux. On a essayé de réfuter l'argument que nous tirons des articles 853 et 854. On a soutenu qu'ils prévoyaient uniquement le cas de donations indirectes faites d'une manière patente dans un contrat à titre onéreux, comme dans une vente à vil prix, par exemple, parce qu'alors la donation étant constatée par l'acte même, et n'étant pas déguisée, on ne peut plus dire que le donateur ait entendu accorder une dispense tacite de rapport. Il est aisé de répondre que les articles précités ne font pas de distinction.

On a soutenu aussi que, quand même ces articles s'appliqueraient aux donations indirectes, faites d'une manière occulte, ils devraient être écartés de la discussion, comme n'ayant trait qu'à la réduction, et partant étant étrangers au rapport ; que dès lors leur but est seulement d'assujettir à la réduction les donations indirectes qui excèdent le disponible. En effet, dit-on, l'article 853 se lie de telle sorte à l'article suivant, qu'il doit être expliqué par celui-ci ; or, ajoute-t-on, l'article 854 suppose des associations faites avec fraude, et cette fraude ne peut avoir lieu que vis-à-vis de la loi de réduction de l'excédant du disponible ; elle ne peut s'entendre du déguisement d'une donation dans le but de dispenser du rapport, parce que le défunt, qui pouvait dispenser ouvertement du rapport le donataire, a pu l'en dispenser par des moyens indirects.

Nous répondrons que ce n'est pas l'article 853 qui doit être expliqué par l'article 854 ; que c'est plutôt l'inverse qui est rationnel, comme le prouve le mot *pareillement* mis en tête de l'article 854 ; que dans les articles qui précèdent, il s'agit de rapport et point de réduction, et qu'il n'est pas vraisemblable que sous l'article 854, le Code ait voulu faire allusion à celle-ci ; qu'enfin il y a bien fraude à la loi du rapport, en ce sens que le Code ne veut faire fléchir la règle d'égalité entre cohéritiers, que dans le cas d'une dispense *expresse* de rapport.

On a donné de l'article 854 une dernière interprétation, qui ne nous paraît pas admissible. On a dit que par associations sans fraude, il fallait entendre celles qui ne contreviennent pas aux règles qui déterminent les conditions requises pour l'existence ou la validité du contrat de société, comme tel. Mais, outre que cette interprétation laisse intact notre argument, tiré de l'article 853, elle cadre mal avec l'obligation que prescrit l'article suivant, d'un acte authentique, pour constater les associations, obligation qui s'explique mieux, en tant que garantie de l'exécution du rapport.

Nous avons opposé des textes aux partisans du système que nous combattons; on nous en oppose également.

On invoque contre nous les articles 847, 849 et 918. Ces articles, nous dit-on, prévoient des cas de dispense *tacite* du rapport. A l'occasion de quels actes? à l'occasion précisément de donations déguisées, et même de donations déguisées sous la forme d'un contrat à titre onéreux (918). Pourquoi dès lors, en règle générale, la donation déguisée sous la forme d'un contrat onéreux, ne contiendrait-elle pas virtuellement une dispense tacite du rapport? Elle en contient bien une, ajoute-t-on, et son déguisement ne peut avoir d'autre motif. D'ailleurs, comment pourrait-elle être l'objet d'une dispense *expresse* de rapport? Est-ce que ce ne serait pas avouer dans le contrat même, ce que celui-ci a pour but de dissimuler?

Voici notre réponse :

En ce qui touche les articles 847 et 849, nous pensons qu'il faut écarter ces articles du débat. Nous avons eu l'occasion d'établir qu'ils se réferaient à une dispense de rapport, non pas tacite, mais *légale*. On ne peut donc s'en servir pour prouver que le Code, malgré la disposition de l'article 843, consacre des dispenses tacites de rapport.

Nous ferons la même réponse sur l'art. 918. Cet article, dans un cas *exceptionnel*, pose une présomption légale, en vertu de laquelle un acte, qui a les apparences d'un acte à titre onéreux, est traité comme un acte à titre gratuit, comme une donation. Quel est le but de cette présomption? c'est d'assurer la consistance de la réserve : rien de plus. La mesure de la présomption est indiquée par son but même. De même qu'elle est limitée quant aux personnes, ce qui est incontestable, et nous, le croyons, incontesté, de même elle est limitée quant à la nature de l'acte qu'elle caractérise ; elle le tient pour une donation au regard seulement de la réserve, parce qu'elle ne s'est préoccupée que de celle-ci ; or, les présomptions sont de droit strict ; il ne faut pas les étendre au-delà des cas pour lesquels elles ont été créées : la présomption de l'art. 918 est donc étrangère aux règles du rapport. Au regard de celui-ci, l'acte dont il s'agit sous l'art. 918 conserve donc bien sa nature de contrat à titre onéreux. On ne peut donc l'invoquer comme citant une donation déguisée sous la forme d'un contrat à titre onéreux, qui, à raison même de ce déguisement, serait l'objet d'une dispense tacite de rapport, puisqu'il n'existe pas même de donation au point de vue où nous nous plaçons.

Au reste, fût-il vrai que l'acte dont parle l'art. 918 constitue à tous égards une donation indirecte, comme de bons esprits le soutiennent, ce serait aller trop loin de tirer une règle générale, applicable à tous les cas, des dispositions de la loi dans un cas *tout spécial*, où la dispense de rapport, qui serait alors plutôt légale que tacite, devrait être considérée comme un adoucissement à la rigueur de la présomption *juris et de jure*, laquelle d'un acte pouvant être en réalité conforme aux apparences, en fait toujours et nécessairement une donation.

Nous avons essayé de prouver qu'il n'y avait pas dans notre Code de cas spéciaux où la donation, déguisée sous la forme d'un contrat à titre onéreux, fût l'objet d'une dispense tacite de rapport. Nous essaierons de prouver maintenant qu'il en est ainsi d'une manière générale. Pour que cette donation contînt virtuellement une dispense tacite de rapport, il faudrait que son déguisement n'eût pas, ainsi qu'on l'a dit, d'autre motif dans la pensée du défunt; or, c'est ce qui n'est pas. Le détour qu'il a pris ne peut-il pas uniquement supposer l'intention ou de ménager les futurs cohéritiers du donataire, ou « d'économiser des frais, peut-être même.... « de dissimuler, pendant sa vie seulement, un « don que le successible s'engageait à révéler et « à rapporter, s'il venait plus tard à la succes« sion? Enfin, toute probable que puisse être la « volonté de dispenser du rapport, du moins « n'est-elle pas expresse, comme l'exige l'ar« ticle 843 (*M. Demante*, III, 187 *bis*, V. *in fine*). »

Enfin, on a objecté que la donation sur laquelle roule le débat ne pourrait être l'objet d'une dispense expresse; qu'autrement, ce serait avouer dans un contrat ce que ce contrat a pour but de dissimuler.

Ces objections ne seraient fondées que si la dispense de rapport devait être nécessairement insérée dans l'acte même qui cache une donation. Mais le disposant peut l'insérer dans un acte postérieur (919), et assurément il lui sera facile de la tenir secrète si cet acte est un testament olographe ou mystique.

La dispense nous semblerait même suffisamment indiquée dans un testament quelconque qui défendrait de rechercher l'existence des donations déguisées.

En résumé, nous décidons que la donation déguisée sous la forme d'un contrat à titre onéreux est, comme toute donation indirecte, en principe, assujettie au rapport, à moins, bien entendu, que le disposant n'en ait dispensé expressément le donataire. Et cette décision, nous l'étendons à la donation déguisée par interposition de personnes autres que le fils ou le conjoint du donataire véritable ; car nos raisons de décider sont les mêmes.

189. Même décision encore par suite des mêmes raisons à l'égard des donations manuelles qui seraient déguisées. Quant à celles qui auraient eu lieu d'une manière ouverte, point de doute qu'elles ne doivent être rapportées, à moins d'une dispense expresse ; car elles sont comprises parmi les choses que l'art. 843 soumet au rapport. Toutefois, déguisées ou non, elles n'y seraient pas soumises, si leur valeur était de peu d'importance, car elles tomberaient alors sous l'application de l'art. 852. (*M. Duranton*, VII. 305).

190. Il importe de remarquer ici que, pour établir le déguisement d'une donation, les intéressés seraient recevables à recourir non seulement à la délation du serment, mais encore à la preuve testimoniale et aux simples présomptions. Car, il ne leur aurait pas été possible de se procurer la preuve littérale du déguisement (1348).

191. Ce serait une donation déguisée qu'il faudrait régir d'après les mêmes règles que

toutes les donations de ce genre que la remise d'une dette résultant de la délivrance d'une quittance établissant un paiement simulé ou le paiement effectué d'une dette simulée.

192. Quant aux remises de dettes ostensibles ou aux stipulations faites au profit de l'héritier, conformément à l'art. 1121, nous les considérons comme des avantages indirects auxquels il faut appliquer l'art. 843.

193. Nous voyons aussi un avantage indirect, partant rapportable, dans la différence entre un prix de vente stipulé et le prix réel, quand le *de cujus* a été le vendeur, et que l'un de ses héritiers a été l'acheteur; cette solution se déduit par un argument *a contrario* tiré de l'art. 853 *in fine*.

Mais on se demande quelle différence est soumise au rapport, et, quand ce rapport doit avoir lieu, si c'est la chose vendue elle-même qu'il faut fournir sauf indemnité, ou seulement la valeur de l'excédant.

Sur le premier point le code nous semble muet. Ce serait donc aux juges qu'il appartiendrait de suppléer à son silence, en distinguant par exemple s'il a dépendu du défunt de traiter avec d'autres que son héritier à des conditions plus avantageuses qu'il ne l'a fait avec celui-ci, ou s'il s'est borné à faire profiter ce dernier d'une occasion qu'à son défaut il eût dû offrir à tout autre.

Mais les juges, pour reconnaître s'il y a eu avantage indirect, devraient se guider uniquement d'après la valeur de la chose vendue au jour du contrat ; l'art. 853 le veut ainsi.

Sur le second point, nos anciens auteurs étaient en désaccord, du moins Pothier (*traité des succ., chap. 4, art. 2* § 2) et Lebrun (*des succ., Liv. 3, chap. 6, sect. 3, n°* 8). Ils s'appuyaient chacun sur le droit romain, qui, sur le sort d'une vente à vil prix faite par un mari à sa femme, sous l'empire d'une législation interdisant les donations entre époux, fournissait par analogie de motifs des solutions diverses. Suivant Julien, la vente était nulle; le mari pouvait donc, en rendant le prix reçu, reprendre sa chose. Nératius pensait ainsi, mais dans le cas seulement où la vente couvrait une véritable donation à l'adresse de la femme; dans le cas contraire il n'accordait au mari qu'une action en répétition de l'excédant de valeur sur le juste prix ; action qui, suivant Pomponius, était l'unique droit du mari. (*L.* 5 § 5; 3 § 3 *ff. de donat. int. vir., et ux*). Or Lebrun adoptait l'opinion de Nératius ; Pothier celle de Julien, parce qu'elle n'avait pas l'inconvénient, comme il le dit, de « donner matière à trop de discussions. »

Aucune de ces solutions ne nous satisfait, parce que aucune ne tient ni de près ni de loin à une disposition quelconque de notre Code. Nous déciderions plus volontiers que l'héritier devra rapporter l'excédant de la valeur, quand le prix stipulé n'est pas supérieur de plus de moitié au juste prix, et la chose même, sauf indemnité, quand le contraire a lieu. Nous tirons ainsi un argument par analogie de l'article 866.

194. L'article 854 vient ajouter implicitement un nouveau cas à la liste des avantages indirects. Il nous dit qu'il n'est pas dû de rapport pour les associations faites sans fraude entre le défunt et l'un de ses héritiers, lorsque les conditions en ont été réglées par acte authentique; donc dans le cas contraire il y a lieu au rapport. Ainsi, pour qu'il en soit ainsi, il suffit que l'association tout d'abord contienne une fraude. Mais quelle espèce de fraude? Une fraude, ainsi que nous l'avons établi plus haut, à la loi qui veut l'égalité entre les héritiers, à moins que le défunt n'ait exprimé formellement une intention contraire. Cette fraude résultera, par exemple, de la participation de l'héritier à des bénéfices faits antérieurement à son entrée en société, de la reconnaissance simulée d'une mise sociale à son crédit; enfin de tout ce qui rendrait sa position meilleure que celle d'un associé étranger: dans tout ces cas les juges apprécieraient.

Il suffit également que les conditions de la société n'aient pas été réglées par acte authentique. Si la loi a exigé l'authenticité, pour que le caractère d'avantage indirect ne fût pas nécessairement présumé, c'est d'abord afin d'empêcher des antidates qui pourraient faciliter l'une des fraudes que nous avons signalées; c'est afin encore que l'acte pût être représenté, le cas échéant, pour permettre d'examiner, par la comparaison de ses clauses, la question de savoir s'il y a lieu ou non au rapport; c'est enfin parce que la présence d'un notaire est une garantie, au moins théorique, contre l'insertion après coup de clauses frauduleuses dans le genre de celles précitées. Aussi, le but de la loi ne serait pas atteint par un acte sous seing privé enregistré, qui empêche bien les antidates, mais qui n'empêche pas les inconvénients auxquels la présence d'un notaire est réputée remédier, quand bien même l'acte sous seing privé enregistré serait étayé par l'extrait affiché et inséré dans les journaux que l'article 42 C. C. prescrit pour les sociétés commerciales; car la plus grande partie des clauses ne sont pas mentionnées dans l'extrait. Toutefois, à l'égard de l'acte sous seing privé enregistré, il y a dissentiment parmi les auteurs.

Le défaut d'authenticité, en vertu duquel la loi présume un avantage indirect dans le cas de l'article 854, ne saurait empêcher l'héritier de réclamer à la succession du défunt l'apport qu'il aurait versé entre les mains de celui-ci. La présomption de l'article ne concerne que l'obligation du rapport, et quant à la présomption de l'article, nous croyons qu'elle n'exclut pas la preuve contraire, « preuve difficile peut-être, dit « M. Demante (*III. 177 bis. II*), mais qui pour-« rait naître de l'évidence des faits ».

195. Le parti qu'aurait pris le défunt à l'égard d'un droit successif, d'un legs, d'une part de communauté qui lui seraient échus, quand l'un de ses héritiers en a profité, constituerait-il un avantage indirect au détriment des autres héritiers ?

Cette question a été très-débattue dans l'ancien droit.

196. — En ce qui touche la renonciation à un legs ou à une succession, Lebrun (*des rapp., sect.* 3, *n°*) soumettait au rapport l'héritier avantagé ; Pothier, (*t.* 1, *titre* 17 *n°* 77), était d'avis contraire, parce que, suivant lui, « il n'y a d'a-« vantages indirects sujets à rapport que ceux « par lesquels le défunt fait passer quelque chose « de *ses* biens à l'un de ses enfants ».

C'est l'opinion de Lebrun que nous adopterons ici avec la généralité des auteurs (*V. Zachariæ* § 631 *note* 22), en nous fondant sur la raison même qui la fesait rejeter à Pothier ; car c'est bien quelque chose de *ses* biens que le défunt fait passer à l'un de ses héritiers, quand il renonce à une succession ou à un legs, et que celui-ci profite de sa renonciation. Est-ce que, d'après notre droit actuel, le droit résultant d'une succession ou d'un legs, auxquels on est appelé, n'est pas un droit acquis à l'héritier ou au légataire, du jour de l'ouverture de la succession ? Or, un droit pécuniaire est incontestablement compris parmi les biens d'une personne. (724 et 1014).

En vain, on argumenterait par analogie dans le sens de Pothier de la loi 5 § 13 et 4 *de donat. int. vir. et ux.*, d'après laquelle, quoique les donations entre époux fussent prohibées en droit romain, la renonciation à une succession ou à un legs d'un époux au profit de l'autre était valable, parce qu'elle ne constituait pas une donation. S'il en était ainsi en droit romain, cela tenait aux principes de ce droit sur l'acquisition de la qualité d'héritier, principes bien différents de ceux de notre Code. A Rome, en effet, il fallait avoir manifesté légalement son intention d'être héritier, pour en avoir la qualité, du moment où l'on n'était pas un héritier sien. Donc, le mari qui, étant institué, renonçait à la succession pour la faire échoir à sa femme ne diminuait pas son patrimoine, ne donnait pas. Notre Code au contraire veut qu'on soit héritier, dès l'ouverture de la succession, sans qu'il soit besoin d'un acte quelconque pour acquérir cette qualité. Tel est le jeu de la saisine (724).

Ainsi, la renonciation à une succession ou à un legs, quand elle profite à l'un des héritiers, est bien un avantage indirect, qu'il faut rapporter. Mais, il ne suffirait pas que l'héritier profitât de cette renonciation; il faudrait encore que le dessein de l'en faire profiter eût été celui du défunt ; ce que les juges apprécieraient.

107. En ce qui touche la renonciation ou l'acceptation d'une femme commune à sa part d'une communauté, quand le parti qu'elle a pris a profité, intentionnellement de sa part, à l'un de ses héritiers, à un enfant d'un premier lit, par exemple, y a-t-il lieu au rapport ?

Sur cette question, Lebrun adoptait la négative *(Succ. Liv.* 3, *ch.* 6, *sect.* 3, nº 11 et 23), en se fondant sur les mêmes raisons qui d'abord l'avaient fait adopter à Pothier (T. 1, 617. nº 79): transmission d'un bien n'ayant pas appartenu au défunt ; inconvénient des contestations sur l'intention de l'époux qui a convolé, et sur les forces de la communauté à l'occasion de laquelle on discuterait la question d'un avantage indirect.

Mais nous voyons Pothier lui-même réfuter sa propre doctrine, dans son *Traité des successions* (*ch. IV*, *art.* 2, § 2). Il avait pensé d'abord qu'en renonçant ou en acceptant une communauté, la femme ne pouvait rien faire passer de *ses* biens à l'un de ses héritiers au détriment des autres; il finit par reconnaître qu'il en est autrement. « La femme, en renonçant à la commu-
« nauté, dit-il, leur (à ses enfants), a fait passer
« ce droit (le droit à une part de la communauté),
« par la remise qu'elle leur en a faite, et... c'est,

« par conséquent, un avantage sujet à rapport, « comme l'est celui qu'un père créancier de son « fils ferait à son fils, en lui remettant ce qu'il « lui doit. » Plus loin, à l'égard de la femme acceptante qui, par son acceptation, perd le droit de reprise de son apport. « C'est, ajoute-« t-il, une remise qu'elle a faite de ce droit à ses « enfants, en laissant *volontairement* manquer « la condition par son acceptation à une com-« munauté évidemment mauvaise. »

Les deux faces de notre question, qui à Pothier paraissent souffrir beaucoup de difficultés, nous paraissent très simples. Nous pensons que la femme, soit renonçante, soit acceptante, dispose, par le parti qu'elle prend, d'un droit qui lui appartient, donc dispose de l'un de *ses* biens. L'article 1464, en autorisant les créanciers de la femme à faire annuler une renonciation faite par celle-ci en fraude de leurs droits, n'est qu'une application du principe que nous venons d'énoncer.

108.—Les renonciations à un droit successif, à un legs, à une part de communauté, ont un point commun qui leur est propre, et qui est la cause des difficultés que l'ancien droit trouvait à les considérer comme des avantages indirects, et partant, à les soumettre au rapport. Mais les renonciations faites au profit de l'*un* de ses héritiers, par le défunt, n'ont jamais laissé de doute sur leur caractère d'avantages indirects rapportables. Telles sont : la remise de dette ostensible dont nous avons déjà parlé ; la démission gratuite donnée par le défunt en faveur de l'un de ses héritiers, d'un office cessible (*Sir.*, *XXXVIII*, 2, 15; *XXXIX*, 238), ou d'un privilége quelconque à exploiter, comme une commission de maître de poste (*Sir.*, *XXXIII*, 2, 105 ; *XXXVII*, 2, 448). Quant à la renonciation à un droit d'usufruit, nous l'examinerons plus loin, ainsi que la remise résultant d'un concordat après faillite.

199. — L'article 851 nous indique une catégorie toute particulière d'avantages indirects sujets au rapport, par application du principe général de l'article 843.

Cet article 851 s'occupe « de ce qui a été em- « ployé pour l'établissement d'un des cohéri- « tiers, ou pour le paiement de ses dettes, » c'est-à-dire des sommes que le défunt a payées, en l'acquit d'un de ses héritiers. Le défunt assurément a pu ne payer la dette de celui-ci, qu'à titre de prêt ou de gestion d'affaires ; mais, il a pu payer aussi *animo donandi*. Or, c'est cet *animus* qui nous semble devoir être présumé, puisque l'article 851 ne paraît être que le *développement* du principe posé en l'article 843, uniquement relatif au rapport des dons. L'acte du défunt devra donc, jusqu'à preuve contraire, être présumé un avantage indirect, qu'il faut rapporter. Nous verrons plus loin que la recherche du mobile qui a pu guider le défunt, n'est pas sans utilité, quoique le rapport ait lieu, tant des dettes (829) que des dons (*M. Demante, III*, 188 *bis, II*).

200. — A l'égard du paiement des dettes, l'article 851 s'applique-t-il aussi bien à l'héritier mineur qu'à l'héritier majeur?

Il est certain que cet article ne distingue pas; nous sommes donc disposés à le prendre au pied de la lettre; et comme la dette contractée par un mineur est une dette simplement annulable, du moins dans l'opinion générale, on pourrait étendre à toute dette annulable l'application de notre article. Cependant il y a juste raison de douter qu'il régisse la dette du mineur, et partant toute dette annulable, en examinant la discussion à laquelle il donna lieu au sein du conseil d'État. En effet, Regnauld (de St. Jean-d'Angély) et Berlier demandèrent que l'article ne s'appliquât pas au mineur ; Berlier fit valoir que s'il en était autrement, les précautions prises par la loi pour qu'un mineur ne pût contracter ni s'obliger valablement, seraient éludées. Il est bien vrai que la distinction à laquelle Berlier et son collègue voulaient qu'on en vînt par un texte n'eût pas lieu, et que Treilhard, Tronchet, Bigot de Préameneu et Cambacérès la repoussèrent; mais il est regrettable que le texte de l'art. 851 n'y fasse pas allusion pour la condamner, d'autant plus qu'elle serait très rationnelle; d'une part, parce que le père qui paie une dette de son fils, dont celui-ci n'est pas tenu, ne lui procure aucun avantage indirect; et que, d'autre part, il a pu encore moins se rendre créancier de son fils, et donner lieu à un rapport de dettes. Aussi, le système contraire à celui que nous préférons compte des partisans (*Vaseille, sur l'art.* 851, n° 3).

A côté des deux systèmes diamétralement opposés, que nous venons d'exposer, se place un système intermédiaire, qui nous paraît celui généralement adopté. Il consiste à ne soumettre l'héritier au rapport des dettes payées pour lui par le défunt que suivant les circonstances. Ce système se fonde sur les observations mêmes des adversaires de Regnauld (de S.-Jean d'Angély) et de Berlier, d'après lesquelles, suivant Malleville (*Analy. rais. sur l'art.* 851), l'un des rédacteurs présents à la discussion, notre question devrait dépendre « des circonstances, et « surtout de l'importance de la somme, relative- « ment à la succession. »

Nous n'admettons pas ce système; car nous ne voyons pas qu'il soit justifié par le texte de l'art. 851, et il nous semble très contestable que les circonstances, dont il s'est agi au sein du conseil d'État, eussent bien la portée qu'on a pensé pouvoir leur donner. On serait tenté de croire bien plutôt qu'on a voulu faire allusion à quelques-uns des cas prévus par l'art. 852, qui, effectivement, sont l'objet d'une dispense de rapport (*Fenet.*, *t.* 12, *p.* 68).

201. Ainsi, selon nous du moins, toutes sommes déboursées par le défunt pour le paiement des dettes de l'un de ses héritiers doivent être rapportées aux autres héritiers, à moins qu'il ne soit prouvé que le défunt les a dispensées du rapport, conformément à l'art. 843; ce qui devrait s'appliquer aux sommes payées par les père et mère pour dommages-intérêts et amendes, à raison d'un délit commis par un de leurs enfants, ou pour affranchir cet enfant du service militaire, soit par l'effet d'une assurance, soit par remplacement direct; sans qu'il y ait à distinguer si le contrat d'assurance ou de remplacement a été consenti par le défunt en son nom personnel, ou s'il a été consenti au nom de l'héritier; car, dans l'un et l'autre cas, il y a eu avantage obtenu par celui-ci.

202. L'art. 851 soumet au rapport non-seulement ce qui a été employé pour le paiement des dettes de l'un des cohéritiers, mais encore ce qui a été employé pour son établissement.

Le mot «*établissement*» de cet article doit être pris *lato sensu*. Ainsi, il y a établissement, par mariage, par l'achat soit d'un fonds de commerce, soit d'une charge, soit généralement par tout ce qui a pu tendre à l'obtention d'un état, d'un métier ou d'une profession quelconques

(*Chabot, sur l'art.* 851, n° 1; *Vaseille, sur le même art.*, n° 1); toutes choses qu'il ne faut pas confondre avec les frais d'éducation et d'apprentissage, qui ne sont destinés qu'à préparer aux état, métier et profession, et que l'art. 852 dispense du rapport par un motif que nous indiquerons en expliquant cet article.

SECTION II.

Quels dons sont légalement dispensés du rapport.

203. Il est des avantages, que la loi dispense du rapport, parcequ'elle présume que telle était l'intention du défunt. Ces avantages sont ceux dont ne pourrait profiter sa succession dans le cas où ils n'auraient pas été accordés.

Or, il en est ainsi tout d'abord d'un avantage *quelconque* quand la chose sujette au rapport, et objet même de cet avantage, a perdu sans la faute ni le fait de l'héritier avantagé, son existence au moins juridique. Cette décision, formulée par l'article 855, n'est au reste qu'une application de la règle générale contenue dans les articles 1245 et 1302 C. N. D'autre part, elle ne comporte pas de distinctions; elle régirait donc le cas même où l'immeuble donné, et vendu ensuite par le donataire, aurait péri depuis l'aliénation, sans que celui-ci fût tenu de restituer au moins le prix qu'il aurait reçu. Ceci résulte bien de la combinaison des articles 855 et 860. Ce dernier article suppose bien que c'est l'immeuble lui-même et non sa valeur que le donataire doit jusqu'à l'ouverture de la succession. Or, c'est l'époque antérieure à cette ouverture que nous envisageons. Conséquemment, quand l'immeuble même vient à périr, l'obligation conditionnelle engendrée par le rapport se trouve éteinte ; et le prix de cet immeuble que le donataire a pu recevoir, il a le droit de le conserver ; car il ne le conserve plus à titre de donataire au regard de son obligation de rapporter qui a été légalement éteinte faute d'objet (1182). Mais, dira-t-on, tout ceci n'est que subtilité. Le prix que conserve l'héritier est bien un avantage indirect qu'il a reçu du défunt ; et celui-ci, s'il n'avait pas donné, aurait pu lui-même vendre l'immeuble et en laisser le prix à sa succession qui en aurait profité ; donc ce prix doit être rapporté. Nous répondrons : en admettant que ce prix soit un avantage indirect, du genre de tout avantage indirect sujet à rapport, rien ne prouve que le défunt l'eût laissé à sa succession, et il ne suffit pas d'un cas unique pour être en droit de lui attribuer le profit d'une opération qui lui est étrangère.

Il résulte de l'article 860 que la perte de l'immeuble aliéné, postérieure à l'ouverture de la succession, ne dispenserait pas le donataire de rapporter la valeur, puisque ce n'est plus que cette valeur même, déterminée par ce qu'elle est à l'époque de l'ouverture, dont il est débiteur à partir de l'aliénation.

Quant à la perte de l'immeuble postérieure à l'ouverture, alors que cet immeuble est encore aux mains du donataire, et qu'elle est survenue sans son fait ni sa faute, elle dispenserait l'héritier de rapporter la valeur ; car l'article 855 ne distingue pas la perte postérieure à l'ouverture de celle qui lui est antérieure. Et d'ailleurs, l'article 1302 régit incontestablement notre hypothèse.

204. Nous venons d'examiner une première classe d'avantages légalement exempts du rapport.

205. On peut ranger, dans une seconde classe les cas prévus par les articles 847 et 849 que nous avons eu déjà l'occasion d'expliquer.

206. Une troisième classe se déduit de la nature même de certains avantages. On peut dire d'une manière générale qu'elle comprend les avantages qui, à cause de leur peu d'importance, sont supposés n'avoir été pris que sur le revenu du défunt. La loi les exempte du rapport pour deux raisons : 1° parceque le défunt, étant censé n'avoir pas capitalisé ses revenus, mais les avoir dépensés au fur et à mesure de leur perception, sa succession n'aurait pu en profiter ; 2° parceque l'héritier avantagé est censé n'avoir pas de son côté capitalisé des avantages qui ont le caractère de revenus.

207. C'est en vertu de cette présomption, que la loi dispense du rapport, dans l'article 852, « les frais de nourriture, d'entretien, d'éducation, d'apprentissage, les frais ordinaires « d'équipement, ceux de noces et présents « d'usage », et dans l'article 856 « les fruits et « les intérêts des choses sujettes à rapport. »

Quelle est la portée de cette présomption? ne comprend-elle que les avantages prévus par les deux articles précités? Les comprend-elle, même quand les raisons qui lui servent de fondement, il n'est plus possible de les leur appliquer, à cause de leur valeur excessive?

208. Sur la première question, nous adoptons l'affirmative. En effet, il s'agit dans les articles précités de dérogation à la règle générale de l'article 843. Or, des exceptions à un principe ne doivent pas par analogie de motifs être étendues à des cas qui n'ont pas été formellement prévus.

209. Sur la deuxième question, qui donne lieu aux solutions les plus diverses, (*Zachariæ*, § 6-3, *texte et note* 36; *M. Demante* III *bis* I *in fine*) la négative nous paraît préférable. Nous pensons qu'il suffira aux intéressés de prouver que l'avantage, du genre de ceux prévus par les articles précités, n'a pu vraisemblablement être pris sur les revenus du défunt pour que le donataire soit tenu de le rapporter. Notre raison est celle-ci, c'est que toute exception doit avoir

pour limite les motifs mêmes sur lesquels elle se fonde.

210. Cette raison est si vraie que nos adversaires eux-mêmes la prennent pour guide, lorsqu'il s'agit d'un legs ayant pour objet les frais énumérés par l'article 852. Ils pensent comme le pensait Pothier (*Succ. ch.* IV. *art.* 2 § 3), et avec raison, selon nous, que cet article n'est plus applicable, qu'il suppose une donation faite du vivant du défunt, et que, quand il s'agit d'un legs, il faut revenir à la règle générale de l'article 843.

211. Les motifs que nous avons donnés à la dispense légale de rapport contenus dans l'article 852 on été contestés. On a dit que cet article n'était que l'application du principe de l'article 203, d'après lequel les époux contractent ensemble, par le fait seul du mariage, l'obligation de nourrir, entretenir et élever leurs enfants. Il s'en suivrait que les héritiers ascendants ou collatéraux ne jouiraient pas du bénéfice de l'article 852 (*Chabot sur l'art.* 852, 4°). Mais cette interprétation se trouve réfutée par l'article 852 lui-même, qui, ne faisant aucune distinction, doit nécessairement s'appliquer à tous les héritiers avantagés. Voilà une première conséquence de l'interprétation que nous préférons. En voici une autre, c'est qu'il sera superflu de distinguer si l'héritier avait ou n'avait

pas des ressources personnelles pour payer les frais alimentaires, tandis que, dans le système que nous combattons, on limite la dispense du rapport au cas où ces ressources manqueraient à l'enfant héritier.

212. Les frais d'éducation comprennent notamment les dépenses faites pour l'achat des livres d'études, et pour la collation des divers grades universitaires. Suivant Pothier (*loc. cit.*) et Lebrun (*Success. liv.* III, *chap.* VI, *sect.* III, n° 54), il fallait, dans l'ancien droit, distinguer entre ces divers grades, entre les frais de baccalauréat et de licence et les frais de doctorat. « C'est « même un droit commun, dit Lebrun, que les « premiers ne se rapportent point, mais bien « les derniers. » Dans notre droit, où les grades de docteur aussi bien que de licencié ne confèrent que de simples aptitudes pour le barreau, la magistrature, la médecine et l'enseignement, mais sans procurer d'établissement, la distinction n'est plus possible.

213. L'art. 856 décide implicitement que les fruits et les intérêts des choses sujettes à rapport ne sont pas rapportés. Sa disposition comprend le cas où la chose donnée serait un droit d'usufruit ou de rente, soit viagère, soit perpétuelle, quelque soit d'ailleurs le débiteur du droit; car les produits d'un droit d'usufruit (1568) et les arrérages des rentes, même via-

gères (588) sont bien des fruits; et quant aux droits d'usufruit ou de rente, ce sont bien des choses susceptibles de rapport. Conséquemment, on ne pourrait soutenir que dispenser du rapport des fruits le simple donataire d'un droit d'usufruit ou de rente, c'est détruire à son égard l'obligation du rapport, et se placer en dehors de l'art. 856. Dans l'hypothèse même où le droit d'usufruit ou de rente devrait s'éteindre précisément par le décès du donateur, le rapport consisterait dans l'extinction du droit. C'est parce que tel serait l'objet du rapport, dans le cas de concessions de fruits à percevoir ou de pensions annuelles à toucher du vivant du donateur, qu'il faudrait encore appliquer à ce cas l'art. 856.

214. Ce n'est pas seulement au regard du donateur que les avantages dispensés du rapport par les art. 852 et 856 doivent être des avantages imputables sur le revenu, c'est aussi au regard du donataire, autrement; l'un des motifs de la présomption posée par ces articles manquerait. Conséquemment, si un père, par exemple pour aider son fils dans une opération commerciale, s'engageait à le faire profiter d'une portion de ses revenus ou des fruits qu'il perçoit, pour une série d'année déterminée, on devrait voir là une donation payable par termes annuels, et appliquer à cette donation le principe général de l'art. 843.

215. Une dernière observation sur les articles 852 et 856, c'est qu'ils doivent être rapprochés de l'art. 851, de manière à être limités par ce dernier; mais cette limitation ne saurait être entendue trop strictement.

SECTION III.

Du rapport des dettes.

216. Ce n'est pas seulement l'héritier donataire que notre Code oblige au rapport vis-à-vis de ses cohéritiers, c'est aussi l'héritier débiteur. « Chaque cohéritier, dit l'art. 829, fait rapport « à la masse, suivant les règles qui seront ci- « après établies, des dons qui lui ont été faits, « et *des sommes dont il est débiteur.* »

217. Mais pourquoi ce rapport des dettes? et quelle est donc son étendue?

Le but lui-même de cette obligation, on ne le comprend guère au premier abord. Le rapport à succession, pourrait-on dire, est destiné à rétablir entre les héritiers l'égalité proportionnelle qui est dans le vœu de la loi, et qu'un acte du défunt aurait pu involontairement troubler; il suppose conséquemment que le défunt a mieux traité l'un de ses héritiers que les autres, qu'il a avantagé le premier, qu'il lui a fait un don. Mais, pourrait-on ajouter, une dette entre lui et l'un de ses héritiers, loin d'impliquer un avantage au profit de celui-ci, impliquerait plutôt le contraire.

218. Il ne faudrait pas un examen bien approfondi pour affaiblir beaucoup la force apparente d'un pareil raisonnement.

Un père a prêté à l'un de ses enfants un corps certain ou une somme d'argent. L'usage du corps certain, la jouissance de la somme d'argent, du vivant du père, ne sont-ce pas là des *avantages* qu'il a procurés à un de ses enfants ? Dans ces cas de prêt, est-ce qu'il ne serait pas logique de soumettre l'emprunteur à un rapport qui consisterait dans l'extinction de l'usage ou de la jouissance à partir du décès ?

L'obligation du rapport qui trouverait sa raison d'être à l'égard des prêts à titre gratuit, la trouverait, ce nous semble, pareillement à l'égard de *toute avance* faite par le défunt à l'un de ses héritiers. Il est vrai que dans ce cas l'idée d'un avantage obtenu n'apparait pas aussi nettement que dans le cas précédent; mais on peut la dégager, même dans l'hypothèse d'une avance intéressée. En effet, celui qui a de l'argent en main n'a-t-il pas plus que celui qui n'aura qu'une action pour demander cet argent ? Aussi, nous dit Pothier « on a jugé que « ce serait un avantage indirect si un père faisait, par ce moyen, (en se faisant constituer « une rente) passer son argent comptant à l'un « de ses fils, pendant que les autres n'auraient

« à la place qu'une simple créance ou une sim-
« ple rente contre leur frère. » (*Traité des succ.*, *ch.* VI, *art.* 2, § 2.).

Un cautionnement, qui est une sorte de dette, accordé par le défunt à l'un de ses héritiers, est un avantage pour celui-ci aussi évident qu'un pret à titre gratuit. Les autres héritiers du défunt ne seraient donc dans une position égale à celle du cohéritier cautionné, que si les risques d'avance, effet du cautionnement, qui leur ont été passés par le défunt, ne les menaçaient plus. Une décharge du créancier, que leur procurerait le débiteur, constituerait un véritable rapport. Cette décharge serait donc due.

219. Le caractère assigné par nous aux dettes que nous venons de passer en revue leur est assigné généralement, sauf pourtant en ce qui concerne les avances intéressées. Parmi ces auteurs, Marcadé (III, *sur l'art.* 829) est le seul qui nous paraisse n'avoir pas soupçonné ce caractère; les autres le mettent plus ou moins en relief (*Delv.*, 2, p. 118; *Gren.*, *Donat.*, 2, n. 522; *Vazeille*, *sur* 851, n. 9, 10, 11, 12, 13, 14; *Zachariæ*, 3, § 627; *M. Dur.*, 7, n. 312: *M. Dem.* 3, n. 187).

220. Ainsi, il demeure constant qu'une dette peut constituer un avantage au profit du débiteur qui succède à son créancier vis-à-vis des autres héritiers de celui ci. En conséquence, tant qu'il s'agit d'une pareille dette, on ne fait pas difficulté pour entendre, comme une obligation à un véritable rapport, la disposition finale de l'art. 829, et pour lui en appliquer les effets légaux.

221. Mais, cette disposition embrasserait-elle toute sorte de dettes ? S'appliquerait-elle, par exemple, à celles qui naîtraient d'un délit, ou qui auraient été contractées originairement envers un étranger, dont le défunt serait ensuite devenu l'ayant-cause? La plupart des interprètes nous paraissent, et avec raison, accepter sans restrictions la disposition finale de l'art. 829, en se fondant sur la généralité de ses termes. Quant au motif même qui a dicté la disposition dans tous les cas, et non dans tel ou tel cas particulier, nous ne le voyons nulle part indiqué, ou, quand il en est question, ce n'est que pour écarter l'idée d'avantage (*M. Demante*, III, 187 *bis*, VII et VIII). On déduit bien encore l'idée d'avantage de la catégorie de dettes que nous avons envisagée déjà ; ou bien, pour certaines autres, on invoque l'idée d'une convention tacite d'affectation de la part héréditaire au remboursement de l'avance : rien de plus.

222. Quant à nous, nous pensons que l'héritier est obligé de rapporter à ses cohéritiers *tout ce dont il est débiteur* envers le défunt, attendu qu'autrement il recevrait un avantage qui ne rendrait pas la position de ses cohéritiers égale à la sienne, et cela *dans tous les cas*. Le rapport consisterait à empêcher cet avantage plutôt qu'à le faire cesser. Un exemple fera comprendre notre pensée. Quand il s'agit d'une somme prêtée à titre gratuit par le défunt à l'un de ses héritiers, la jouissance et même l'usage de cette somme constituent un avantage au profit de l'emprunteur qu'à l'ouverture de la succession le rapport a et doit avoir pour but de faire cesser. Mais il est un autre avantage qui naîtrait sans le rapport, quelle que fût l'origine de la dette. En effet, supposons deux héritiers, dont l'un devait pour une cause quelconque 40,000 fr. au défunt. Supposons encore que cette succession, la créance du défunt non comprise, s'élève à 120,000 fr., si l'héritier débiteur étant insolvable, et ayant des créanciers privilégiés, dont le montant des créances dépasserait sa part héréditaire, n'était pas tenu de rapporter ce qu'il doit, voici ce qui se passerait : le cohéritier créancier pour 20,000 (puisque la confusion aurait éteint les autres 20,000) ne pourrait être payé sur la part héréditaire de son co-héritier, car les créanciers privilégiés de celui-ci commenceraient par se payer. En admettant même que le co-héritier créancier pût être payé, il ne pourrait l'être de suite, s'il y avait eu un terme à la créance héréditaire, tandis qu'au moyen de la confusion le co-héritier débiteur a été payé dès l'ouverture de la succession. Il aurait donc obtenu un *avantage* qui manquerait au co-héritier créancier. Or, un pareil avantage pourrait résulter de toute sorte de dettes. C'est pour le *prévenir* que le rapport a lieu, et il le prévient. En effet, comme le rapport d'une somme d'argent se fait en moins prenant (868, 869), et que tel est l'objet du rapport pour le débiteur, le co-héritier créancier, dans l'espèce supposée, prélèverait le montant de sa créance sur la masse héréditaire; il primerait donc les créanciers personnels de l'héritier débiteur, et grâce à ce droit de préférence, même sur les créanciers privilégiés de celui-ci, il serait traité sur le même pied que lui; l'égalité que veut la loi entre les co-héritiers se trouverait observée de la sorte.

223. La théorie que nous avons essayé d'expliquer n'est pas neuve. Elle était celle du droit coutumier. Il est vrai que Domat (*L. Civ., Liv.* 2, *tit.* 4. *sect.* 1re *n.* 2) ne l'admettait pas. Mais elle était consacrée par la jurisprudence et professée par la majorité des anciens auteurs, notamment par Lebrun (*succ.* 3, *chap.* 6, *sect.* 2, *n°* 7). Auroux des Pommiers (*Sur la cout. du Bourbonn., art.* 313 *n.* 17 *et* 18). Denizart (*rapp. n.* 79), Bourjon (*Dr. comm. de la Fr., tit.* 17, 2me *part. ch.* 6, *sect.* 2, *n.* 8; *sect.* 4, *n.* 47 *à* 50), et enfin Pothier lui-même (*succ. ch.* 4, *art.* 1, § 3). Lebrun surtout l'expose avec une grande force et très-nettement. Voici ce qu'il dit : « Il serait

« injuste qu'en donnant à ce co-héritier sa part
« afférente, on ne lui fît pas déduction de ce
« qu'il doit à la succession, et que l'on donnât
« à des créanciers qui ne sont point de la suc-
« cession d'un défunt, une hypothèque sur
« les biens de la succession, au préjudice de lui-
« même, ou de ses héritiers ; ce qui produirait
« un autre inconvénient qui serait que les cré-
« anciers de cet héritier, antérieurs à la suc-
« cession, absorbant toute la portion hérédi-
« taire de leur débiteur, ou la meilleure par-
« tie, et la succession perdant ainsi sa créance,
« il se trouverait que cet héritier débiteur serait
« *plus avantagé* que les autres, puisqu'outre sa
« portion que ses créanciers auraient tout en-
« tière, il aurait encore les 6000 livres faisant
« les trois quarts de la somme qu'il devait au
« défunt; *ce qui serait contre l'égalité*..... Le
« droit de l'héritier débiteur règle celui de
« ses créanciers, et s'il venait à partager, il se-
« rait contraint de souffrir l'imputation de la
« créance du défunt sur sa portion héréditaire ;
« et ainsi ses créanciers venant ici de son chef
« et exerçant ses droits, sont obligés de souffrir
« la même imputation. »

Plus loin, Lebrun ajoute : « Ce qui détermine
« dans cette question, c'est que les lots étant
« garants les uns des autres, il est certain que
« la part du co-héritier débiteur serait respon-

« sable de son insolvabilité; en sorte que, si « cette imputation ne se faisait pas d'abord, et « si les co-héritiers du débiteur qui auraient eu « chacun en partage 2000 livres dans cette dette « de 8000 livres, ne pouvaient pas venir en or- « dre sur la part afférente du débiteur, ils au- « raient leur recours sur cette même part. Tel- « lement que pour éviter le circuit, et *celeritate* « *conjungendarum actionum*, il est nécessaire de « faire d'abord l'imputation sur la même « part. »

Ainsi, trois motifs décidaient Lebrun à déclarer que l'héritier débiteur est soumis à l'imputation, qui est un véritable rapport en moins prenant : 1° l'injustice d'une préférence accordée aux créanciers personnels de cet héritier débiteur, sur ses cohéritiers créanciers, relativement aux biens de la succession; 2° l'intérêt de l'égalité entre les héritiers; 3° l'inconvénient d'un circuit d'actions. Si ce dernier motif est celui qui le détermine, comme il le dit lui-même, et non pas l'intérêt de l'égalité entre les héritiers, c'est que cet autre motif n'aurait pas été vrai dans tous les cas, attendu que, suivant la Coutume de Paris, qui est celle commentée par Lebrun, le rapport, il nous l'apprend lui-même (Lebrun, *loc. cit.*), n'avait lieu qu'en ligne descendante.

Donc, dans notre Code, où le rapport a lieu

entre tous les héritiers sans distinction, l'intérêt de l'égalité pourrait être un motif déterminant, aussi bien que les deux autres motifs indiqués par Lebrun.

Maintenant que la théorie de l'ancien droit nous apparaît dans tout son jour, est-il impossible d'admettre qu'elle n'éclaire la rédaction *si absolue* de la disposition finale de l'art. 829? Nous ne le pensons pas. Aussi, déciderons-nous que pour toute sorte de dette, il y a lieu à un véritable rapport en moins prenant.

224. De ce principe nous concluons :

1° Qu'à partir de l'ouverture de la succession, toute dette, même à terme, est immédiatement exigible;

2° Qu'à partir de la même époque, elle produit des intérêts, si déjà elle n'en produisait (856);

3° Qu'il faut affecter à son acquittement la partie héréditaire de l'héritier débiteur.

225. Mais, si toute dette est l'objet d'un véritable rapport en moins prenant, ce n'est que dans l'intérêt des cohéritiers créanciers, ce n'est que pour rendre leur position *égale* à celle du cohéritier débiteur.

226. De cet autre principe nous concluons :

1° Que l'obligation de rapporter les dettes, est tout à fait étrangère aux créanciers et légataires du défunt, qu'elle ne peut leur profiter pas plus qu'elle ne peut leur nuire, que les choses doivent se passer comme si le défunt n'avait laissé qu'un seul héritier;

2° Que cette obligation, supposant le concours des qualités d'héritier et de débiteur, ne s'adresse pas à l'héritier qui renonce à la succession, en sorte que, par suite de la renonciation, le *débiteur* joue le rôle d'un débiteur ordinaire du défunt;

3° Que les cohéritiers créanciers ont le droit de refuser l'accomplissement d'une obligation, qui n'est prescrite que dans leur intérêt; qu'autrement, le rapport, au lieu de leur profiter, pourrait quelquefois leur nuire; par exemple, dans le cas où le terme de la dette serait stipulé en faveur du créancier.

227. Ce droit des cohéritiers créanciers, de ne pas user du bénéfice du rapport contre le cohéritier débiteur, empêche de voir dans l'application des règles du rapport à une dette, une novation de cette dette, opérée par changement du titre; novation que le défaut de consentement des créanciers de l'opérer, rendrait d'ailleurs impossible (1275).

CHAPITRE III.

COMMENT SE FAIT LE RAPPORT, ET QUELS SONT SES EFFETS.

SECTION I.

Des divers modes du rapport.

228. Le Code distingue formellement deux modes de rapport. L'un a lieu, lorsque la chose même donnée est remise dans la masse à partager; l'autre, quand la valeur seule de cette chose est imputée sur la part héréditaire du donataire, (830). Dans le premier cas, le rapport se fait en nature; dans le second, en moins prenant (858).

Il existe un troisième mode implicitement consacré par la loi, auquel on peut recourir, quand le premier n'est pas exigé, et que le second n'a lieu (869), ou n'est possible que dans une certaine mesure; il faut bien alors que la valeur excédante soit remise dans la masse à partager. Ce troisième mode qu'on pourrait appeler un rapport par équivalent, devient indispensable, et atteint pour le tout ce qui doit être rapporté, quand le premier mode est impossible, et que pour le partage le tirage au sort est de droit (834, 838).

Ces trois modes sont tantôt obligatoires, tantôt facultatifs pour le donataire. Ils s'appliquent : aux dettes, aux donations et même aux legs. Le premier est la règle pour les immeubles ; les autres ont trait surtout aux meubles. Nous examinerons séparément le rapport des immeubles et le rapport des meubles.

SECTION II.

Des effets du rapport.

§ 1.

Des effets du rapport des meubles.

230. « Le rapport du mobilier, dit l'article 868, ne se fait qu'en moins prenant ; il se fait sur le pied de la valeur du mobilier lors de la donation. »

Le donataire en devient donc du jour de la donation propriétaire incommutable, puisqu'il n'est pas obligé de le remettre en nature dans la succession. Il ne contracte à cette date qu'une obligation conditionnelle, celle de tenir compte à ses co-héritiers, s'il est héritier acceptant, de la valeur du mobilier donné au jour de la donation.

231. L'époque à laquelle il faut s'attacher pour estimer la valeur du mobilier, n'était pas la même dans l'ancien droit. D'après la Coutume de Paris (art. 305), c'était le « temps que division et partage est fait entre » les co-héritiers; d'après la Coutume d'Orléans au contraire, c'était, nous l'atteste Pothier, (*succ. ch.* 4, *art.* 2, § 7) l'époque même qui a été suivie par notre Code.

232. L'obligation du donataire est celle de tout débiteur de quantité. Du jour où elle naît, elle est assurée, quelque puisse être le sort de la chose donnée: *genera non pereunt.* L'accomplissement de la condition dont elle dépend, l'acceptation de l'héritier, la fait rétroagir au jour de la donation, mais elle ne constitue une dette exigible qu'au jour de l'ouverture de la succession ; c'est à cette date seulement qu'elle produit des intérêts (855).

233. En bornant, comme il l'a fait, l'obligation du donataire à celle d'une dette de quantité, et en lui transportant ainsi d'une manière irrévocable la propriété de la chose donnée, le législateur aura pensé que le plus souvent les meubles se dépréciant ou se détériorant trop facilement par l'usage, quand leur consommation même n'est pas l'unique usage

qu'on en tire, un rapport effectif serait devenu nul. Mais cette raison n'était pas suffisante pour bien des meubles, dont la valeur n'est guère plus exposée aux variations que celle des immeubles ; aussi, au Conseil d'Etat, avait-on proposé une distinction, qui ne fût pas faite. (*Fenet*, 612, *p.* 75). On comprit sans doute que le mode de rapport appliquée aux meubles se justifiait dans tous les cas : 1° parce qu'ils sont plus propres que les immeubles à être convertis en argent. 2° Parce que, étant moins importants que ceux-ci, on y est moins attaché.

Ce dernier motif, qui serait de bien peu de poids de nos jours, où la fortune mobilière a pris un si grand développement, n'avait guère perdu de sa force, lors de la rédaction du Code. A cette époque, le vieil adage : *Vilis mobilium possessio*, pouvait encore être considéré comme l'expression des faits.

234. Le donataire du mobilier, avons-nous dit, obtient un droit de propriété irrévocable, du jour de la donation. Mais, quand la loi pose ce principe, sous l'article 868, *pour le mobilier*, entend-elle par là tout ce qui n'est pas immeuble dans le sens de l'article 517 ? Nous le pensons, car, tel est bien le sens qu'elle donne au mot *mobilier* sous l'article 535. D'ailleurs comme le rapport effectif n'est formellement appliqué

qu'aux immeubles, si le principe qui sert de fondement au mode de rapport du mobilier, ne s'appliquait pas à tous les meubles, il en résulterait qu'il pourrait exister des meubles, sur le mode de rapport desquels le Code serait muet.

235. Ces remarques nous paraissent contenir la réfutation de la doctrine, qui n'étend pas aux meubles incorporels, le principe de l'article 868. En vain, dirait-on en faveur de cette doctrine, que le principe de l'article 868 est fondé sur la dépréciation et la détérioration trop faciles des meubles corporels, et que ce fondement ne peut être vrai pour les meubles incorporels. N'avons-nous pas vu que le principe de l'article précité a d'autres fondements? Et d'ailleurs, ce qu'on pourrait alléguer pour les meubles incorporels, ne peut-on pas l'alléguer également pour certains meubles corporels, tels que les perles et diamants, qui devaient être traités comme des immeubles, suivant Lebrun (*Succ. liv.* 3, *ch.* 6, *sect.* 3, *n°* 34). Et pourtant, le Code, consacrant le sentiment de Ferrière (*sur l'art.* 305 *de la cout. de Paris*) et de Pothier (*Succ. ch.* 4, *art.* 2, § 7), ne fait aucune distinction.

Nous ne croyons pas que l'article 1567 contienne un argument d'analogie qui puisse nous être opposé. Cet article décide que si la dot comprend des contrats ou obligations, ayant péri ou souffert des retranchements sans la faute du mari, celui-ci est quitte, en restituant les contrats; mais, s'il en est ainsi, c'est que le mari est supposé n'être qu'un usufruitier (1551), tandis que dans l'hypothèse d'un meuble incorporel donné à l'héritier, la pleine propriété lui a été transmise, quoique conditionnellement, du jour de la donation.

Nous ne croyons pas que l'état estimatif ou, à défaut, l'expertise exigée par l'article 868, prouvent que cet article statue seulement pour les meubles corporels, à cause de l'impossibilité, pour les meubles incorporels, d'un état estimatif ou d'une expertise. Nous montrerons bientôt que des meubles incorporels peuvent être estimés au moment où ils sont donnés, et qu'ils peuvent ultérieurement être l'objet d'une expertise.

Ajoutons qu'il ne serait pas vrai de dire que l'art. 868 ne concerne pas tous les meubles, parce l'article suivant traite spécialement du rapport de l'argent donné. Nous verrons en effet que ce dernier article, en accordant au donataire une faculté particulière, suppose l'application du principe posé par le premier article.

236. Ainsi, ce principe régit tous les meubles, même les meubles incorporels; ce qui comprend les rentes quelconques, puisqu'elles sont déclarées meubles par le Code (529, 530), et les offices, puisqu'on leur reconnaît mainte-

nant ce caractère, et que d'ailleurs, dans l'ancien droit, quoiqu'ils fussent immeubles, ils étaient rapportés de la même manière que les meubles, ainsi que nous l'atteste Pothier. (*Succ.*, *ch.* IV, *art.* 2, § 7).

237. Mais il est un cas spécial auquel le principe de l'art. 868 ne s'appliquerait pas, c'est le cas prévu par l'art. 1573. En vertu de cet article, la femme, sous certaines conditions, n'aurait à rapporter que l'action en répétition de sa dot contre son mari, soit que la dot fût mobilière, soit qu'elle fût immobilière. Mais cette disposition, empruntée à la novelle 97, ch. VI, qui n'eut jamais cours que dans les pays de droit, écrit (*Bourjon*, *Dr. com.* 2*e part. ch.* VI, *sect.* 2, *n.* 10 *et* 11), d'où le régime de communauté était exclu, devrait conséquemment n'être appliquée qu'en matière de régime dotal.

238. Quant à la détermination, au jour de la donation, de la valeur des meubles donnés, elle se fait, d'après l'art. 868, suivant l'état estimatif annexé à tout acte de donation (948), et, à défaut de cet état, d'après une estimation par experts, quand il s'agit par exemple d'une donation exempte des formalités notariées. En disant que cette estimation doit être faite à juste prix et *sans crue*, la loi fait allusion à une pratique ancienne qu'elle entend supprimer, et à laquelle avait donné lieu un édit de Henri II, rendant les officiers publics garants de leur prisée. Ceux-ci, pour se soustraire aux dangers de leur responsabilité, donnaient une estimation inférieure à la valeur réelle dans une certaine proportion, en sorte que pour bien apprécier cette valeur, il était d'usage d'ajouter le supplément, la *crue.*

239. Il est impossible de déterminer la valeur des meubles incorporels aussi bien que celle des meubles corporels. Il se peut d'abord, qu'au moment de la donation, l'acte qui l'établit contienne l'estimation; dans le cas contraire, l'estimation, quand il s'agira d'effets publics, sera facile ; il suffira de se reporter au cours que ces effets avaient à la Bourse au jour de la donation ; quand il s'agira de rentes ou de créances sur particuliers, il y aura lieu à une expertise, qui assurément, courra le risque de n'être pas très exacte, mais sans le courir plus que les meubles corporels soumis eux-mêmes à l'appréciation d'experts.

240. Nous savons que c'est la valeur des meubles au jour de la donation qui est due par le donataire à ses cohéritiers, mais, comment sera-t-il tenu compte à ceux-ci de cette valeur? Sera-ce toujours par un rapport en moins prenant? On le croirait aisément, à ne consulter que les termes exclusifs du commencement de l'art. 868. Mais nous savons déjà que le rapport en moins prenant a une limite rationnelle, et

que si la part héréditaire est inférieure à la valeur reçue, il est de toute nécessité que l'excédant soit remis *réellement* dans la masse à partager ; c'est-à-dire que pour cet excédant, il se fait un rapport que nous appelons par équivalent.

Ce rapport est même plus naturel que le rapport en moins prenant ; car il se fait par un versement d'argent. Or, un donataire de meubles, n'étant débiteur que de la valeur de ces meubles, c'est de l'argent qu'il est censé avoir avoir reçu : c'est donc de l'argent qu'il doit rendre. Seulement le rapport par équivalent serait sans objet jusqu'à concurrence de la possibilité d'un rapport en moins prenant, puisqu'il existerait dans la succession de l'argent que les cohéritiers pourraient prélever.

241. De ce que le donataire de meubles n'est *au fond* que le donataire d'une somme d'argent, le droit conféré à celui-ci par l'article 869 d'abandonner à ses co-héritiers, en cas d'insuffisance d'argent, du mobilier, et *à défaut* de mobilier, des immeubles de la succession, jusqu'à due concurrence, nous concluons qu'un pareil droit appartient à un donataire de meubles.

On pourrait peut-être contester cette conséquence, en contestant le principe lui-même, en disant que l'article 869 suppose de l'argent donné, et non un meuble quelconque ; mais cette objection nous paraîtrait ne pas tenir compte de l'esprit de la loi, et d'ailleurs elle tendrait à étendre une dérogation au droit commun (1243).

242. Ainsi l'article 869, aussi bien que l'art. 868, s'appliquent au donataire de meubles. L'unique but du premier est de consacrer implicitement le rapport par équivalent, en indiquant la mesure du rapport en moins prenant proclamé par l'article 868 ; et si cet article décide tout d'abord en termes exclusifs que « le rapport du mobilier ne se fait qu'en moins prenant, » c'est qu'il se réfère au cas où le donataire de mobilier voudrait se soustraire à l'obligation d'un rapport en moins prenant, en rapportant d'une manière *effective* le mobilier même qu'il aurait reçu.

243. Ce n'est pas seulement en moins prenant ou par équivalent que les meubles se rapportent. Le rapport en nature pourrait aussi, quoique exceptionnellement, leur être appliqué. En effet, la règle, qui ne considère dans une donation de meubles que la valeur des choses données et non les choses elles-mêmes, déduite de la destination toute naturelle des biens mobiliers à être convertis en argent, n'est que l'expression de la volonté présumée du donateur. Si donc il exprime une volonté contraire, pourquoi n'en serait-il pas tenu compte ? Ainsi, il est juste d'admettre qu'il peut exiger le rapport en na-

ture de l'objet mobilier qu'il a donné, du moment où sa volonté à cet égard aura été clairement indiquée. Cette volonté pourrait même résulter des circonstances et de la nature de certains meubles incorporels.

§ 2.

Des effets du rapport des immeubles.

244. Le rapport des immeubles, sauf exception, se fait en nature, ou, comme on disait dans l'ancien droit, en essence et espèce (859, 860). Conséquemment, le droit de propriété du donataire, qui n'existait que sous la condition de cesser par son acceptation de la qualité d'héritier, se trouve résolu dès l'accomplissement de la condition. Mais, comme cette résolution n'est établie que dans l'intérêt de ses co-héritiers, elle est sans effet — nous le prouverons plus loin — au regard de toutes autres personnes, il serait logique d'admettre que la rétroactivité de toute condition accomplie frappât les fruits de la chose rapportée comme cette chose elle-même; mais la destination des fruits, ainsi que le but du rapport, exigeaient que la résolution du droit du donataire eût une limite.

245. Les raisons qui n'ont permis aux co-héritiers de profiter des fruits qu'à dater de l'ouverture de la succession, ne leur permettaient pas de profiter des fruits non perçus avant cette époque. Aussi l'art. 856 ne fait pas de distinction.

246. De ce que le donataire est débiteur de la chose donnée, c'est-à-dire d'un corps certain, il suit que les chances d'extinction, applicables aux dettes de corps certain, le seraient ici. Donc, la perte de la chose donnée, survenue sans le fait ni la faute du donataire, soit avant, soit après l'ouverture de la succession, libérerait le donataire (855, 1302); ce que nous avons développé plus haut. Pareillement la perte partielle sous les mêmes conditions et dans les mêmes cas demeurerait à la charge de la succession.

247. L'indemnité, payée au donataire par une compagnie d'assurances pour la perte totale ou partielle, ne pourrait être exigée par la succession; car si, dans certains, ainsi que nous le verrons, une somme représentative de la valeur de l'immeuble dont le donataire ne dispose plus, doit être rapportée, c'est qu'il s'opère une sorte de subrogation *réelle*. Or, on ne peut la supposer, quand il s'agit de l'indemnité dont nous parlons, cette indemnité n'étant pas la représentation de l'immeuble détruit, mais l'équivalent de la chance aléatoire que court le donataire, plutôt en sa qualité d'assuré qu'en qua-

lité de propriétaire de la chose assurée, en payant une prime pour laquelle il ne reçoit rien, tant qu'il n'y a pas lieu de l'indemniser.

248. Si le donataire d'un corps certain en est débiteur envers ses co-héritiers, c'est afin que la succession soit replacée au même état que si le corps certain fût resté entre les mains du défunt. Or, les détériorations provenant du fait du donataire ou de ses ayant-cause ne seraient pas survenues au corps certain sans la donation; il faut donc bien qu'il en soit tenu compte par le donataire à ses co-héritiers ; c'est d'ailleurs ce que la loi décide (863, 864).

249. Mais le principe sur lequel se fonde la loi ne saurait nuire au donataire, s'il ne peut lui profiter. Aussi celle-ci est-elle juste, en obligeant la succession à tenir compte au donataire de ses impenses (861, 862) ou de celles de ses ayant-cause (864).

Ainsi, il peut y avoir lieu à des comptes réciproques entre le donataire et ses co-héritiers.

250. Le compte à régler au profit de ceux-ci, aurait pour but toute sorte de détériorations, par conséquent, celles provenant de ce que le donataire par lui-même, ou par ses ayant-cause, n'aurait pas fait en temps opportun, les grosses réparations nécessaires à la conservation de l'immeuble donné. En vain, dirait-on, pour

écarter la responsabilité du donataire, que celui-ci, par suite de l'obligation de rapport, est considéré comme un usufruitier, et que l'usufruitier n'est pas tenu des grosses réparations. En effet, avant que l'obligation du rapport ne vînt l'assimiler à une sorte d'usufruitier, le donataire avait été un véritable propriétaire : nul autre que lui n'avait le droit de veiller à la conservation de la chose ; donc, quand elle est dégradée par sa faute ou son fait, il ne peut invoquer l'article 855, applicable au cas de perte totale ou partielle, et c'est cet article même qu'on peut lui opposer.

251. Quant au compte à régler au profit du donataire, il a pour but ses impenses, dont il doit être indemnisé, du moins en principe. Aussi, n'est-il pas sans intérêt de distinguer entre les diverses impenses, les impenses d'entretien et les grosses impenses, puis les impenses nécessaires, les impenses utiles et les impenses voluptuaires.

252. Les impenses d'entretien ne figurent pas dans le compte du donataire, à la charge duquel elles doivent demeurer, puisqu'elles sont une charge des fruits dont il profite (856).

253. Quant aux grosses impenses, elles peuvent être nécessaires, utiles, ou voluptuaires.

254. Indemnité est due au donataire pour les impenses nécessaires. Sous ce nom, bien entendu, on ne comprend que les frais faits dans

une sage et juste mesure, pour la conservation de la chose donnée, car des frais excessifs ne seraient plus des impenses nécessaires pour la somme inutilement employée. Mais aussi, si quelqu'accident fortuit rendait stériles les avances raisonnables du donataire, pourvu toutefois que cet accident n'enlevât pas à la chose restaurée, son individualité, le donataire devrait néanmoins être indemnisé. *Sufficit quod ab initio utiliter gestum sit, licet utilitas non duraverit* (Pothier, *loc. cit.*).

255. Quant aux impenses voluptuaires qui sont les frais faits pour l'agrément ou l'embellissement de la chose, mais qui n'ajoutent rien à sa valeur, le donataire ne peut en être indemnisé. Le Code, sous la section du rapport, est muet en ce qui le concerne. On pourrait seulement lui appliquer les règles générales sur les impenses voluptuaires. Conséquemment, il aurait le *jus tollendi*.

256. Restent les impenses utiles. L'article 861 permet au donataire de s'en faire indemniser, jusqu'à concurrence de la plus-value. Si cette plus-value excédait le montant des déboursés, ce serait ce montant seulement qui ferait l'objet de l'indemnité, quoique l'article précité ne fasse pas de distinction. Sans recourir à l'article 555 pour y chercher un argument d'analogie, n'est-il pas évident que du moment où est née l'obligation du rapport, le bien donné est réputé

n'être jamais sorti de la succession ; qu'alors c'est elle qui doit profiter de la plus-value du bien, et que le but du législateur en l'attribuant néanmoins au donataire, n'est autre au fonds que d'empêcher la succession de s'enrichir aux dépens du donataire, par application de cet adage : *Neminem æquum est locupletari cum alterius detrimento?*

257. Mais une question vraiment délicate, est celle de savoir à quelle époque doit s'apprécier la plus-value de la chose donnée? Evidemment, ce n'est au plutôt qu'à partir de l'ouverture de la succession ; antérieurement à cette époque, il ne pourrait être vrai de dire que la succession profite de la plus-value ; et ce profit est une condition de l'indemnité. Quelle sera cette époque non antérieure à l'ouverture? Sur ce point, trois systèmes.

Dans un premier système, on invoque l'art. 861. « *Dans tous les cas*, dit cet article, il doit « être tenu compte au donataire des impenses « qui ont amélioré la chose, eu égard à ce dont « sa valeur se trouve augmentée *au temps du* « *partage*. » Ces expressions *dans tous les cas* et *au temps du partage*, semblent bien indiquer formellement que c'est la plus-value au temps du partage, et sans distinction aucune, qu'il faut considérer.

Dans un deuxième système, on s'attache au contraire, à la plus-value au jour de l'ouverture.

L'article 861, dit-on, n'est pas si absolu qu'il le paraît. L'article précédent, auquel il pourrait se référer, pris au pied de la lettre, décide pourtant que quand la chose ayant été aliénée, il ne sera plus dû que sa valeur; ce sera cette valeur « à l'époque de l'ouverture » et non au temps du partage, dont le donataire devra compte à la succession. Or, si la plus-value était estimée au temps du partage, tandis que la valeur de l'immeuble *doit* l'être à l'époque de l'ouverture, il en résulterait, qu'en cas de disparition de cette plus-value, dans l'intervalle entre l'ouverture et le partage, il n'en serait pas tenu compte au donataire, et que cependant la succession en profiterait; la succession s'enrichirait donc aux dépens du donataire. Ce résultat, qui en principe n'est pas admissible, le serait encore moins en matière de rapport. Comment? une opération qui a pour but équitable l'égalité entre les héritiers, aurait pour effet de *déplacer* seulement l'inégalité, et même dans certains cas, si par exemple la plus-value excédait la valeur défalquée de la chose donnée, d'*augmenter*, en la déplaçant, cette inégalité? Voilà, continue-t-on, des conséquences trop choquantes, pour que la doctrine dont elles découlent soit celle de la loi.

Ce raisonnement, les partisans du deuxième système reconnaissent qu'il ne peut s'appliquer qu'au cas où la chose donnée aurait été aliénée depuis la donation. Aussi, présentent-ils un argument applicable à tous les cas. Voici comment cet argument adopté par Marcadé (*T. III, sur l'art.* 864), est exposé par cet auteur : « Dans « l'ancien droit, dit-il, on ne déduisait que les « améliorations existant au jour du partage, « parce qu'on ne rapportait aussi que la valeur « au jour du partage (*Pothier, ch.* 4, *art.* 2, § 7, « *al.* 22). Or, dans le projet de notre titre, on « avait suivi cette idée : l'article 860 (art. 148 du « projet) se contentait de dire que, dans ce cas « d'aliénation, on rapportait en moins prenant, « sans changer l'ancienne règle pour l'époque « de l'estimation ; et l'article 861 (art. 149 du « projet), disait en conséquence, qu'on tiendrait « compte à l'héritier de la plus-value, du jour « du partage (*Fenet, XII, p.* 64 *et* 65). Mais au « conseil d'Etat, on décida, après quelques ins« tants de discussion, qu'on rapporterait la va« leur estimée, non pas au moment du partage, « comme le réglait l'ancien droit, et comme le « voulait M. Tronchet, mais au moment de l'ou« verture (*Fenet, p.* 71). L'article fut donc ren« voyé à la section, qui ajouta ces mots : « il est « dû de la valeur de l'immeuble à l'époque de « l'ouverture. » Ce changement emportait né« cessairement un changement semblable dans « l'article 861 : on n'y pensa pas, et nos quatre « articles 861 à 864, *adoptés sans aucune obser« vation,* restèrent tels que la section les avait « présentés (*Ibid.*). Il est donc constant qu'on

« ne doit pas se préoccuper de ces mots de « l'article 861, au temps du partage; et que « c'est toujours le montant des améliorations « existantes au moment de l'ouverture qu'il « faut déduire, etc... »

Un troisième système a été présenté, qui accepte le second quand il s'agit de rapporter la valeur de la chose aliénée, et qui, pour tous les autres cas, s'en tient au premier : c'est ce troisième système que nous préférons. En effet, sauf pour le cas unique que nous venons de signaler, nous ne voyons pas que le droit de l'interprète puisse aller jusqu'à biffer une disposition qui existe bien, telle que celle de l'art. 861 ; or, cet article dit nettement que l'estimation de la plus-value doit se faire « au temps du partage. » Mais, dira-t-on, les rédacteurs du Code ont eux-mêmes virtuellement biffé cette disposition, en lui retirant sa raison d'être originelle. Cette objection est vraie pour le cas d'aliénation de la chose donnée; aussi ne rejetons-nous le premier système que pour ce cas, parce qu'il rendrait la loi illogique et injuste, ainsi que le prouvent les observations des partisans du deuxième système; mais pour tous autres cas, nous pensons autrement (860). N'est-ce pas au temps du partage que les biens partageables doivent être estimés pour la formation des lots, et que les cohéritiers commencent à profiter individuellement de leur plus-value? N'est-il donc pas logique et juste à la fois qu'on estime à cette même époque cette plus-value? En vain voudrait-on argumenter dans le sens d'une application *absolue* de l'art. 861 de ces mots *dans tous les cas*. Quand il s'agit de l'aliénation de la chose donnée, c'est alors qu'on pourrait, à juste titre, déclarer vicieuse, sur l'autorité des rédacteurs du Code, la rédaction de l'article précité, s'il était vrai que sa rédaction fût absolue. Mais, est-ce que ces mots, dans tous les cas, ne pourraient pas se référer non pas à l'époque, mais au *principe même* de la plus-value?

258. En résumé, nous décidons que, quand le rapport s'applique à la valeur de la chose donnée, aliénée depuis la donation, il faut diminuer de cette valeur, estimée au jour de l'ouverture de la succession, la plus-value estimée à la même époque, mais que, dans tous les autres cas, l'estimation de la plus-value doit se faire au temps du partage.

259. Notons, toutefois, que, dans le dernier cas, si les améliorations, qui ont augmenté la valeur de la chose donnée, n'existaient plus au temps du partage, et qu'entre l'époque de l'ouverture de la succession et le jour du partage, elles avaient ajouté à la jouissance commune des héritiers, le cohéritier devrait être indemnisé par ses cohéritiers jusqu'à concurrence du supplément de leur jouissance.

260. Tout ce que nous avons dit pour la fixation de l'époque de la plus-value devrait s'appliquer à l'hypothèse inverse, c'est-à-dire au cas où le donataire doit compte à la succession des détériorations dont il est responsable; ainsi, les variations de la valeur de la chose donnée, quand elles sont le fait du donataire, donnent lieu entre celui-ci et la succession à des comptes réciproques. Il en serait de même des variations qui seraient le fait de l'acquéreur de la chose donnée (864), ainsi que de tout ayant-cause du donataire, ou de l'acquéreur.

201. C'est parce que le rapport a lieu, que les comptes réciproques entre le donataire et la succession ont lieu également; donc, si le rapport devenait impossible, les comptes seraient sans objet.

202. La succession, pour se faire indemniser de ce qui lui est dû par le donataire, n'a pas le même avantage que celui-ci, pour se faire indemniser de ce que la succession lui doit. En effet, c'est un principe général que dans les obligations corrélatives l'une des parties ne puisse être contrainte à l'exécution de son obligation, tant que l'autre n'exécute pas l'obligation carrélative dont elle est tenue. Or, quand ce sont les co-héritiers qui sont créanciers du donataire, celui-ci n'est pas leur créancier pour une même cause. Mais dans le cas inverse, il en serait autrement : le rapport serait dû aux co-

héritiers du donataire qui devraient en même temps une indemnité à celui-ci. Ce dernier pourra donc dire : je ferai le rapport que je dois quand j'aurai reçu l'indemnité qui m'est due. En attendant je retiens la chose qui m'avait été donnée. L'article 867, qui consacre ce droit de rétention, n'est donc qu'une application du principe général précité. Il semble donc inutile au premier abord ; mais il s'explique, si l'on se reporte au droit coutumier. Pothier, le guide habituel des rédacteurs du Code, ne comprenait pas, comme ils l'ont réglée, la sûreté qui résulte pour le donataire de l'article 867. Selon cet auteur, si les co-héritiers ne voulaient pas indemniser le donataire, celui-ci pouvait bien retenir l'immeuble ; mais il devait en rapporter l'estimation, en déduisant l'indemnité à lui due, en sorte que le mauvais vouloir de ses co-héritiers pouvait changer une obligation d'un rapport en nature en une obligation d'un rapport en moins prenant (*succ. ch.* 4, *art.* 2, § 7, 2° *in fin*). Ferrière, commentateur de la Coutume de Paris, (*sur l'art.* 305) pense autrement que Pothier. « Quand la Coutume, écrit-il, dit que les « co-héritiers ne veulent pas rembourser les « dites impenses, le donateur est tenu seulement « de rapporter l'estimation : cela s'entend au « cas qu'il soit plus avantageux au donataire de « n'en rapporter que l'estimation et retenir les

« héritages; car s'il veut en faire le rapport, il « n'en peut point être empêché. » Cette doctrine de Ferrière est bien celle que le Code a voulu reproduire.

263. Il nous reste à signaler un effet important du rapport en nature. Puisque son but immédiat est d'opérer la résolution du droit de propriété du donataire, et par conséquent de rétablir la situation de la chose donnée, comme elle était au jour de la donation (1179, 1183, 2125), il s'ensuit que les droits constitués sur cette chose par le donataire, droits d'usufruit, de servitude, d'hypothèque, d'antichrèse, et à plus forte raison, de pleine propriété, devraient s'évanouir.

Mais le législateur a jugé utile de ne consacrer cette déduction de la logique que dans certains cas, et avec des tempéraments.

264. En ce qui concerne tous les droits autres que celui de pleine propriété, nous pensons que la résolution s'opère. « Lorsque le rapport se « fait en nature, dit l'article 865, les biens se « réunissent à la masse de la succession, francs « et quittes de *toutes charges* créées par le do« nataire. » Parce que le même article en faisant plus loin allusion à ces charges semble supposer que ceux au profit desquels elles existent sont seulement des créanciers hypothécaires ; il ne faut pas conclure qu'elles sont limitées aux

hypothèques; ce qui entraînerait même l'exclusion des hypothèques légales et judiciaires. Si l'article précité, après avoir parlé de toutes charges, ne parle ensuite que d'hypothèques conventionnelles c'est seulement par forme d'exemple.

Le code lui-même donne ailleurs la dénomination de charges aux droits que nous avons énumérés, et précisément pour dire qu'ils sont résolus, comme le prouve l'article 952, qui distingue même les hypothèques des charges et ne distingue pas les diverses hypothèques entre elles. Ajoutons que le motif même qui a inspiré la résolution des charges grevant la chose donnée s'applique à tous les droits réels autres que celui de pleine propriété. Ce motif a dû être la difficulté d'une appréciation pécuniaire de ces droits, difficulté qui n'existait pas pour la translation de la pleine propriété, et qui explique l'exception introduite pour ce cas.

265. La résolution des charges grevant la chose donnée n'ayant d'autre but que l'intérêt des co-héritiers du donataire, il était juste que si cet intérêt pouvait être sauvegardé avec le maintien de ces charges, il le fût. Aussi l'article 865 *in fine* autorise-t-il tous les concessionnaires de charges, quoiqu'il ne parle formellement que des créanciers hypothécaires, à intervenir au partage, afin d'empêcher un rapport en nature, quand le donataire est libre de le faire ou de ne pas le faire, ainsi que nous le verrons (859).

Dans ce cas, le rapport se fait en moins prenant, et alors la résolution des charges, qui n'était que la condition d'un rapport en nature (865), n'a pas lieu.

206. C'est parce que, selon nous, la résolution des charges n'est que la condition d'un rapport en nature, qu'elle n'a pas lieu ou plutôt qu'elle est réputée n'avoir jamais eu lieu, par suite de l'effet déclaratif du partage (883), quand la chose donnée, rapportée en nature, est tombée dans le lot du donataire. Aussi, condamne-t-on universellement cette doctrine qui a été soutenue (*Toullier*, *t. 4*, *n° 499*), qu'en pareil cas les charges ont disparu avec le rapport en nature et ne peuvent produire effet, sous une constitution nouvelle.

Ainsi, les charges grevant la chose donnée tombent, mais seulement dans l'intérêt des cohéritiers ; ce qui s'applique à la translation de toute espèce de démembrement de la propriété de cette chose, sauf à la pleine propriété.

207. Si la loi (860) maintient l'aliénation de la chose donnée, c'est à la condition qu'elle est antérieure à l'ouverture de la succession ; car, à dater de cette ouverture, le donataire ayant perdu son droit de propriété, a par conséquent perdu celui de l'aliéner, sauf pour la portion qui lui appartient à titre de cohéritier. Pour les autres portions, elles pourraient être reven-

diquées par ses cohéritiers ; mais, l'acquéreur devrait jouir du droit accordé aux concessionnaires de charges par l'art. 865. Ici, en effet, c'est le lieu de dire : *ubi eadem ratio ibi idem jus esse debet.*

268. L'aliénation de la chose donnée, antérieure à l'ouverture de la succession étant maintenue, il est juste que le donataire tienne au moins compte à ses cohéritiers de la valeur de cette chose ; c'est ce que décide l'art. 860, en prescrivant un rapport en moins prenant. Il n'est pas question du rapport par équivalent ; mais les explications auxquelles il a déjà donné lieu, montrent qu'il pourrait suppléer au rapport en moins prenant.

269. La volonté de la loi de faire prévaloir l'intérêt des tiers acquéreurs sur celui du donataire, apparaît bien nettement dans la disposition finale de l'art. 865 que nous avons montrée applicable aux tiers acquéreurs. Elle résulte encore des termes absolus de l'art. 860, qui, même quand le donataire serait devenu tout à fait insolvable, et que l'immeuble à lui donné excéderait de beaucoup sa part héréditaire, ne permet pas de supposer que, pour remplir ses cohéritiers de leur part intégrale, l'immeuble, par l'aliénation, ait été affranchi d'un rapport en nature sous la condition d'un équivalent fourni aux intéressés. Ainsi, quand le donataire d'un immeuble est dispensé de le rapporter en

nature, parce qu'il l'a aliéné, c'est moins lui que la loi a voulu favoriser que son acquéreur. Conséquemment, si l'immeuble rentrait dans le patrimoine du donataire, celui-ci en devrait le rapport en nature.

270. D'ailleurs, une autre raison rendrait obligatoire le rapport en nature; c'est que, malgré l'aliénation, le donataire continue à rester débiteur de l'immeuble lui-même. S'il n'était débiteur que d'une somme d'argent, comme un donataire de mobilier, les changements ultérieurs de l'immeuble ne modifieraient pas son obligation, tandis qu'au contraire, la combinaison des art. 855 et 860 prouve qu'il est libéré de toute obligation de rapport (même de celle de restituer le prix qu'il aurait reçu, ce prix étant le bénéfice d'une opération exclusivement propre au donataire), quand l'immeuble a péri par cas fortuit entre les mains de l'acquéreur. C'est ainsi qu'on s'explique aisément pourquoi la somme d'argent, dont le donataire est débiteur, n'est ni de la valeur de l'immeuble à l'époque de la donation, ni du prix pour lequel il a été vendu, mais de sa valeur au moment où le rapport en nature aurait pu avoir lieu intellectuellement, c'est-à-dire au moment de l'ouverture de la succession (860). Il est vrai qu'en réalité, dans tous les cas autres que celui d'aliénation, la valeur de l'immeuble est considérée au temps du partage, ce qui est juste, puisque tous les biens héréditaires sont communs à tous les héritiers, et qu'ainsi les augmentations ou diminutions qui peuvent survenir, doivent être pour le compte de ceux-ci ; ce qui serait juste également, même pour le cas d'aliénation. Aussi Pothier (*loc. cit.*) et Lebrun (*Succ.*, *liv.* 3, *ch.* 6, *sect.* 3, n° 29) n'admettaient pas de distinction. Si les rédacteurs du Code qui avaient primitivement reproduit la doctrine de l'ancien droit (*Fenet*, *XII*, *p.* 71) l'ont ensuite abandonnée pour le cas de l'art. 860, ils auront sans doute été dominés par cette idée que la dette du donataire ne pouvant être, à dater de l'ouverture, que d'une somme d'argent, il était plus simple de la liquider à cette date, qui, toute différente qu'elle est de l'époque du partage, ne l'est pas intellectuellement, et conserve par conséquent à la dette sa nature originelle de dette d'immeubles.

271. Ainsi, quand il s'agit d'un immeuble aliéné, l'obligation du rapport s'applique à l'immeuble lui-même, il n'y a que l'exécution même de l'obligation qui peut être simplement obtenue au moyen de la valeur de cet immeuble. Aussi n'assimilerons-nous pas le donataire d'un immeuble au donataire d'un meuble, dont l'obligation au rapport, du jour où elle est conditionnellement contractée, n'est jamais que de la valeur de ce meuble, c'est-à-dire d'une somme d'argent. Conséquemment, le droit que nous avons reconnu exister au profit de celui-ci de s'acquitter à son gré, soit par le paiement d'une somme d'argent, soit, en cas d'insuffisance du numéraire de la succession, par l'abandon jusqu'à due concurrence, d'abord du mobilier, et, subsidiairement, des immeubles de la succession ; ce droit, nous le refusons au donataire d'un immeuble qui, débiteur d'un immeuble, et non d'une somme d'argent, ne pourrait s'acquitter de son obligation qu'en laissant préalablement précompter à ses cohéritiers des immeubles de même qualité et nature que l'immeuble aliéné, puisque les prélèvements, aux termes de l'art. 830, doivent se faire, « autant que possible, en objets de même nature, « qualité et bonté que les objets non rapportés « en nature ». C'est dans le cas seulement où la voie des prélèvements serait impraticable que le donataire pourrait se libérer, en rapportant en argent la valeur de l'immeuble donné.

272. Ce n'est pas toujours à l'époque de l'ouverture de la succession qu'il faut se placer pour déterminer la valeur à rapporter de l'immeuble donné quand il a été ensuite aliéné. Ainsi, on admet, comme l'admettait l'ancien droit (*Pothier, succ., ch. 4, art. 2, § 7, 5°*), que, si l'immeuble a été aliéné contre le gré du donataire, celui-ci n'est tenu de rapporter que le prix qu'il a reçu. En effet, si le donataire est libéré de toute obligation, quand l'immeuble a péri par cas fortuit ou force majeure, c'est qu'il s'agit d'un événement survenu contre son gré ; or, le cas d'une expropriation pour cause d'utilité publique, celui d'une licitation provoquée par un copropriétaire, celui d'une action en réméré ou en rescision contre le donataire, tous ces cas sont des événements qui surviennent contre le gré du donataire; il est donc juste qu'il rapporte seulement la somme qu'il a reçue. Au reste, les termes mêmes de l'art. 860 montrent qu'il ne s'agit que d'une aliénation volontaire.

273. Mais ce caractère d'aliénation volontaire, nous le reconnaissons dans le cas d'une expropriation rendue à la suite d'une saisie réelle. En effet, quand, dans ce cas, le donataire est dépossédé, ce n'est pas par un fait complètement indépendant de sa volonté, puisque c'est par suite d'inexécution de ses engagements.

Ainsi, quand l'aliénation de l'immeuble donné a été forcée, la dette de cet immeuble, du jour de l'aliénation, s'est convertie en dette de somme d'argent; donc l'article 855 aussi bien que l'article 860 deviennent alors inapplicables.

274. Le rapport en moins prenant est tantôt facultatif, tantôt obligatoire, pour le donataire d'un immeuble ou ses ayant-cause.

275. Il est facultatif, s'il existe dans la succession des immeubles de même nature, valeur et bonté que l'immeuble donné, dont on puisse

former des lots à peu près égaux pour les cohéritiers du donataire (859).

Quant à la valeur de l'immeuble, on la considère, d'après la règle générale, c'est-à-dire au temps du partage, puisque la règle exceptionnelle de l'article 860, n'a été édictée que pour le cas d'aliénation. Par conséquent, si l'immeuble périt entre le jour de l'ouverture de la succession et le partage, le donataire n'est tenu d'aucun rapport (855).

276. Le rapport en moins prenant est encore facultatif pour le donataire d'un immeuble, lorsque le donateur l'a dispensé de le rapporter en nature, en en payant la valeur. Cette valeur serait naturellement présumée être, dans l'intention du donateur, jusqu'à preuve du contraire, celle de l'immeuble au temps du partage. Cette intention devrait d'ailleurs servir de guide pour la nature même, aussi bien que pour l'étendue du rapport d'un immeuble. Si Pothier (*loc. cit.*) n'était pas d'avis que le donateur pût dispenser le donataire du rapport en nature, c'est que, sous l'empire de la Coutume d'Orléans, coutume de simple égalité, une raison d'ordre public prohibait les dispenses de rapport. « Les conventions des particuliers, « nous dit-il, ne peuvent donner atteinte à ce « qui est ordonné par les lois. *Privatorum factis* « *juri publico non derogatur.* » Mais cette opinion de Pothier n'a plus d'objet sous l'empire de no-

tre Code, puisqu'il autorise les dispenses de rapport dans la limite de la quotité disponible. Au reste, les rédacteurs du Code entendaient bien que le donateur pouvait dispenser le donataire d'un immeuble, du rapport en nature; M. Tronchet, à propos de l'article 860, s'est expliqué de la manière la plus nette (*Fenet, p.* 71).

277. Le rapport en moins prenant d'un immeuble est obligatoire pour le donataire dans les deux cas suivants : 1° lorsque l'immeuble donné, ayant péri par la faute du donataire, il est impossible à ce dernier d'effectuer un rapport en nature; 2° lorsque l'immeuble a été aliéné.

278. Nous savons que, dans ce dernier cas, la valeur de l'immeuble est considérée au jour de l'ouverture de la succession (860). Si, comme nous sommes tenté de le penser, cette époque a été exceptionnellement admise par le législateur, parce que la dette du donataire, ne pouvant être à dater de l'ouverture de la succession que d'une somme d'argent, il était plus simple de la liquider alors, il paraîtrait logique d'appliquer au premier cas, ce que nous appliquons au second, bien entendu quand la perte est survenue avant l'ouverture de la succession. On déciderait ainsi que la valeur à rembourser de l'immeuble qui a péri, serait celle qu'il aurait pu avoir lors de l'ouverture de la succession, si à cette époque il avait encore existé.

POSITIONS.

DROIT ROMAIN.

I. Pour pouvoir exiger le rapport, faut-il nécessairement avoir obtenu la possession de biens ? — Non (*l.* 1, § 1, 10 *ff. de bon. coll.*)

II. N'y a-t-il que les possessions de biens *unde liberi* et *contra tabulas* qui conduisent au rapport ? — Non.

III. La fille émancipée doit-elle le rapport de sa dot à ses co-partageants émancipés? — Non.

IV. Y a-t-il antinomie entre la loi *de coll.* et la loi 1, § 16, *ff. de conj. cum lib. ?* — Non ; mais ce dernier texte exige la correction proposée par Pothier *(ad lib.* 36, *t.* 6, *note* 3).

V. Lorsque le père de famille instituait son fils non émancipé pour trois quarts et un étranger pour un quart, l'enfant émancipé, qui demandait la possession de biens, devait rapporter à son frère non émancipé le tiers de ses biens propres et non le quart (*l.* 1, § 3 *ex dodrante ff. de coll.*)

VI. La loi 2 *ff. de coll.* ne détruit pas ce principe qu'avant Justinien l'émancipé institué ne doit le rapport que quand le testateur le lui a prescrit.

VII. La loi 3, § 2, *de bon. coll.* semble contenir une erreur de calcul.

VIII. La constitution de Justinien (*l. pen. C. de coll.*), qui assujettit au rapport ce qui est imputable sur la quarte, n'empêche pas que le legs fait à l'émancipé par le père de famille, quoiqu'il soit imputable sur la quarte ne soit pas assujetti au rapport, même depuis la novelle 18.

IX. La novelle 118 a abrogé l'édit *de conjungendis cum emancipato liberis.* En conséquence, depuis cette novelle, l'émancipé ne doit plus le rapport à ses enfants héritiers siens.

X. Avant Justinien, le donataire non émancipé n'est point tenu de rapporter la donation *simple* qu'il a reçue du père de famille, à moins que le donateur ne l'y ait formellement astreint.

XI. Depuis Justinien, il n'est tenu de la rapporter que dans les deux cas exceptionnels de la loi *pen. c. de coll.*

XII. Avant et depuis Justinien, l'émancipé est tenu de la rapporter.

DROIT FRANÇAIS.

DROIT CIVIL.

I. La condition du rapport, quant aux personnes qui en sont tenues (le concours des qualités d'héritier et de donataire) n'est pas toujours conforme à l'équité.

II. Celui qui succède par représentation ne doit pas le rapport de ce qu'il a reçu personnellement.

III. La donation en avancement d'hoirie

faite à l'héritier renonçant s'impute sur la quotité disponible par préférence aux donations postérieures et aux legs.

IV. L'héritier doit le rapport des sommes dont il est débiteur, quelle que soit l'origine de la dette.

V. On déduit, pour les dépenses utiles, la plus-value existant au moment du partage, si l'immeuble n'a pas été aliené par le donataire; mais dans le cas contraire, le calcul se fait au jour de l'ouverture de la succession.

VI. Les règles sur le rapport du mobilier s'appliquent tant au mobilier incorporel qu'au mobilier corporel.

VII. Dans le cas de rapport en nature, tous les droits réels constitués par le donataire sur l'immeuble se s'éteignent que si cet immeuble ne tombe pas au lot de l'héritier donataire.

VIII. Les règles ordinaires du rapport s'appliquent aux enfants naturels; elles ne sont modiliées que par leur combinaison avec ce principe, qui n'attribue aux enfants naturels rien au-delà du droit successif fractionnaire qu'ils tiennent de la loi.

IX. Les donations, faites au fils ou au conjoint de l'héritier (847, 849) sont dispensées du rapport par la loi ; celles faites à l'héritier par l'intermédiaire de toute autre personne que son fils ou son conjoint ne sont pas dispensées du rapport.

X. Les donations déguisées sous la forme d'un contrat à titre onéreux ne sont pas dispensées du rapport.

XI. Les sociétés formées entre le *de cujus* et l'héritier doivent être constatées par un acte authentique pour qu'il n'y ait pas lieu au rapport. Il ne pourrait être suppléé au défaut d'authenticité d'aucune manière.

XII. La disposition exceptionnelle de l'article 1573 ne s'applique qu'en matière de régime dotal.

Histoire du droit.

I. Le domaine congéable n'a dû s'établir en Bretagne qu'à la suite des immigrations galloises des ve et vi^e siècles.

II. On peut attribuer une origine celtique au droit de mainetė ; mais il y a plus de vraisemblance encore à n'y voir que l'expression d'un sentiment naturel à tous les peuples nomades.

III. Le système des propres n'a pas une origine antérieure à la féodalité.

Droit criminel.

I. C'est à la qualification de la première peine, et non à celle du premier fait, qu'il faut s'attacher pour caractériser la récidive.

II. Le Code pénal est inapplicable au duel.

Droit des gens.

La domination d'une nation s'étend sur la

mer qui baigne ses côtes jusqu'à la distance d'une lieue marine.

Droit commercial.

Le rapport n'est pas dû pour la fraction de dette remise par le concordat.

Vu par le président de la thèse,
de VALROGER.

Vu par le doyen de la faculté,
C. A. PELLAT.

Permis d'imprimer,
Le vice-recteur de l'Académie de Paris,
CAYX.

www.ingramcontent.com/pod-product-compliance
Ingram Content Group UK Ltd.
Pitfield, Milton Keynes, MK11 3LW, UK
UKHW022055190726
13855UKWH00002B/504

9 782013 069496

Conserver la couverture

DE L'ALIMENTATION

PAR

LE LAIT CRU

CHEZ

L'ENFANT A L'ÉTAT DE SANTÉ
ET A L'ÉTAT DE MALADIE

PAR

LE Dr ÉDOUARD DESJEUX

DE L'UNIVERSITÉ DE PARIS

ANCIEN EXTERNE DES HÔPITAUX

MÉDAILLE DE BRONZE DE L'ASSISTANCE PUBLIQUE

TOURS

IMPRIMERIE DESLIS FRÈRES

1904